年入百万

高收入者的底层逻辑

赵海娟◎编著

吉林出版集团股份有限公司
全国百佳图书出版单位

图书在版编目（CIP）数据

年入百万：高收入者的底层逻辑 / 赵海娟编著．

长春：吉林出版集团股份有限公司，2025．6. -- ISBN 978-7-5731-6926-6

Ⅰ．F241.4-49

中国国家版本馆 CIP 数据核字第 20257WF015 号

年入百万：高收入者的底层逻辑
NIAN RU BAIWAN GAO SHOURU ZHE DE DICENG LUOJI

编　　著	赵海娟	
策　　划	曹　恒	
责任编辑	林　丽	
封面设计	吕宜昌	
开　　本	880mm×1230mm 1/32	
字　　数	97千	
印　　张	5	
版　　次	2025年6月第1版	
印　　次	2025年6月第1次印刷	

出　　版	吉林出版集团股份有限公司
发　　行	吉林出版集团股份有限公司
地　　址	吉林省长春市福祉大路5788号
邮　　编	130000
电　　话	0431-81629968
邮　　箱	11915286@qq.com
印　　刷	三河市金兆印刷装订有限公司

书　　号	ISBN 978-7-5731-6926-6
定　　价	59.80元

打破财富迷局，开启逆袭之路

在这个充满无限可能又充满挑战的时代，"年入百万"是无数人梦寐以求的财富目标，它像一座闪耀的灯塔，吸引着无数追梦者奋勇前行。然而，现实的商业世界犹如一片波涛汹涌的大海，暗礁与机遇并存。有人在浪潮中迷失方向，被淹没在失败的深渊；有人却能乘风破浪，驶向成功的彼岸。本书就是为那些渴望改变命运、实现财富梦想的人量身定制的航海图。

许多人对财富的认知存在误区，认为年入百万是遥不可及的神话，只有少数幸运儿或天赋异禀者才能实现。但事实上，财富的密码并非掌握在命运手中，而是藏在思维、行动与坚持之中。思维，是打开财富大门的第一把钥匙。传统的思维模式往往将我们困在固有的框架内，限制了对机会的敏锐捕捉和对问题的创新解决。那些从困境中逆袭的创业者，正是通过思维的重启，打破了常规的认知边界，以全新的视角看待商业世界，才找到了通往成功的道路。

然而，仅有思维的转变还远远不够，行动才是将财富梦想照进现实的关键。财富的积累从来不是奇迹，而是一步一个脚印、脚踏实地努力的结果。资源整合教会我们，即使资源有限，也能通过巧妙的策略和智慧，花小钱办大事，实现从无到有的突破。

自我管理和风险管理，是财富大厦的基石。而复盘与调整，则是不断优化行动策略、避免重复犯错的利器。风险管理更是重中之重，它能帮助我们在商业的浪潮中避开暗礁，保障资金安全。

当创业进入深水区，团队与品牌的力量将彻底改写竞争格局。真正的高绩效团队，从来不是靠情怀捆绑，而是用系统化赋能激活每个个体的战斗力。关于品牌战略，这里不仅有私域流量深耕的关系资产运营术，更有跨界破圈的价值共生方法论，助你在红海竞争中劈开一条属于自己的航道。

本书中的每一个案例，每一条创业锦囊，每一段成功感悟，都凝聚着无数创业者的心血与智慧，是他们在摸爬滚打、历经失败与成功后总结出的宝贵经验。它不是一本空洞的励志读物，而是一本实实在在的商业实战指南。无论你是初入职场的新人，渴望通过努力增加收入，还是胸怀大志的创业者，希望在商业领域闯出一片天地，又或是在困境中挣扎的企业家，寻求突破与转型，本书都能为你提供有价值的思路和方法。

财富的实现从来都不是一蹴而就的，它需要我们拥有坚定的信念、持续的努力和不断学习的精神。在追逐财富的道路上，或许会遇到挫折与失败，但请记住，每一次挫折都是成长的机会，每一次失败都是成功的垫脚石。相信自己，按照书中的指引，勇敢地迈出第一步，用思维的力量、行动的决心和智慧的策略，去打破财富的迷局，开启属于自己的逆袭之路。愿你在阅读本书的过程中，获得启发，汲取力量，最终实现年入百万的财富梦想，书写属于自己的商业传奇！

目 录

第一章

思维重启：开启财富新视野

塑造创业心态：从破产CEO到外卖之王的逆袭之路..................002

树立创业思维：从87次拒信到创造千万营收..................008

培养长期视角：十年"荒坡"变"金山"..................013

主动创造机会：从求职困局到千万级操盘手的主动人生..................017

第二章

副业破局：从月入3000到3万的冷启动

激发创业灵感：个性化定制的温暖"晨光烘焙"..................022

认定目标导向：坚持的地质锤，敲出"北极星"奇迹..................027

寻找适合自己的项目："百职体验"找到人生出口 031

制订创业计划："倒掉"传统计划，"泡出"咖啡社群 035

客户的转化："灯塔计划"点亮优学转化率 040

第三章

厚积薄发：资源整合与筹备

花小钱办大事：8000启动金，手机"摄"出创业曙光 046

众人拾柴火焰高：大学生"智援"，奏响青松岭振兴曲 050

聚焦核心竞争力：从0.03到0.008的精度突围战 054

精打细算降成本：五金厂的降本增效突围战 059

风险评估与应对预案：一场供应链危机引发的破局方案 063

第四章

积极借势：紧跟时代的风向

要有发展的眼光：传统裁缝铺的时代转型记 068

补充新能量：当老茶楼学会跳科技芭蕾 072

经济寒冬里找生机：把空置率折成创业者的取暖舱 076

第五章

做好自我管理，把事情做到极致

提升自身能力：职场小白蜕变为技术先锋......080

强化时间管理：把24小时切成发光的碎片......084

复盘与调整：用户之声里的迭代密钥......088

第六章

做好风险管理：保证资金安全

放弃沉没成本：从项目终止协议到B轮融资......092

有充沛的现金：当现金流成为创业生命线的密码......096

企业慢增长：资产负债表上的生存智慧......100

第七章

团队赋能：构建高绩效创业引擎

核心团队搭建：从"兄弟情谊"到"能力拼图"......104

人才选育用留：从"走马灯式离职"到"铁班底养成"......108

创业文化塑造：从口号上墙到血液里的生存法则......112

高效协作机制：小团队如何玩转"敏捷作战" ·················116

领导力进阶：从"技术大拿"到"团队掌舵者"的蜕变之路 ··········120

第八章

品牌破圈：从无名氏到价值符号的升维战

锚定品牌基因：从单亲妈妈的育儿痛到千万妈妈的情感共鸣··········124

构建记忆锚点：从"无名氏"到"一眼难忘"的破局之道 ·············128

内容破圈策略：从"自嗨输出"到"社交裂变"的破局之道··········132

私域流量深耕：从流量收割到关系资产的破局之路·················136

第九章

客户运营：从陌生人到忠实粉丝的养成

客户需求挖掘：从无人问津到爆单密码的探寻之路 ·················140

服务体验升级：小民宿的口碑逆袭之路 ·······························143

客户分层管理：破局服装零售库存积压，解锁精准营销新路径·····146

客户复购提升：从一锤子买卖到终身客户的经营哲学 ···············149

第一章

思维重启：开启财富
新视野

塑造创业心态：从破产CEO到外卖之王的逆袭之路

创业锦囊

创业心态是创业者在机遇与挑战中秉持的积极心理状态，它以内在驱动力为核心，融合了乐观韧性、风险担当、目标锚定与终身学习等特质。它不仅是个人成功的基石，更能凝聚团队、塑造文化，让创业者在不确定中保持方向感，将每个挫折转化为进化阶梯，最终实现从0到1的突破。

塑造创业心态须以内在驱动力为核心，将挑战视为成长的契机。首先要设定清晰目标，把长期愿景拆解为可执行的短期计划，用每一次小突破积累信心；其次要保持开放学习的态度，像海绵一样吸收行业动态与用户反馈；最后要勇于行动，敢于试错并快速复盘。

案例故事

二十八岁那年，周明第一次尝到了创业失败的滋味。

他站在空荡荡的办公室里，看着工人们搬走最后一张办公桌。三年前，他满怀激情创办的科技公司，如今只剩下满墙剥落的标语和一堆未支付的账单。窗外的阳光透过百叶窗，在地板上投下斑驳的影子，就像他破碎的创业梦。

"周总，这是最后的清算文件。"财务小李递给他一叠纸，眼神闪烁，"银行账户已经冻结了。"

周明机械地签下自己的名字，每一笔都像是在心上划一刀。200万的投资，一年半的奋斗，12个员工的期待，全都化为乌有。最让他痛苦的是，那200万中有50万是父母一辈子的积蓄。

走出写字楼，初夏的热浪扑面而来。周明站在人行道上，竟然不知道该往哪里去。手机震动起来，又是债主的电话。他没有接，把手机调成了静音模式。

接下来的两周，周明把自己关在租来的小公寓里，拉上窗帘，拒绝与外界联系。他反复回想公司从创立到倒闭的每一个决定，试图找出失败的根源。是产品定位不准？是团队管理不善？还是市场判断失误？

直到最后一包泡面被吃完，周明才不得不走出公寓。他在便利店买了一份盒饭，坐在路边的长椅上机械地咀嚼着。对面写字楼里进进出出的白领让他想起曾经的自己——西装革履，意气风发，以为拿到了改变世界的钥匙。

"周明？"

一个熟悉的声音打断了他的思绪。他抬头看去，是林志远，他公司的第一个投资人。

"听说公司清算完了？"林志远在他旁边坐下，语气平静得出奇。

周明的喉咙发紧："林总，对不起，您的投资……"

"那不奇怪。"林志远摆摆手，"初创企业失败率本来就有九成。我更好奇的是，你接下来有什么打算？"

"我不知道。"周明诚实地说，"也许找份工作还债吧。"

林志远盯着他看了几秒，突然笑了："知道你上次创业最大的问题是什么吗？"

周明握紧了拳头："请指教。"

"你缺乏真正的创业心态。"林志远的话像一把刀，"你以为创业就是有个好点子，拉一笔投资，租个漂亮办公室，招一群员工。但真正的创业者，是从泥地里爬起来还能继续往前走的人。"

周明感到脸上一阵发热："我确实太天真了。"

"别误会，我不是在批评你。每个人都要经历这个过程。重要的是，失败有没有教会你什么。"

那天晚上，周明辗转难眠。林志远的话在他脑海中回荡。凌晨三点，他打开电脑，开始重新审视自己的创业计划书。这一次，他不再只看那些漂亮的增长曲线和市场份额预测，而是开始思考最基本的问题：我真正了解我的客户吗？我能提供什么不可替代的价值吗？

天亮时，周明做了一个决定：他要去送外卖。

"您说什么？"人力资源公司的接待员惊讶地看着眼前这个穿着褪色衬衫但依然气质不凡的年轻人。

"我想注册成为外卖骑手。"周明平静地重复。

一个月后，周明已经熟悉了这座城市的大街小巷。他每天工作12

个小时，穿梭在写字楼、住宅区和商业中心之间。起初，同事们都与这个"前CEO"保持距离，但渐渐地，他们发现周明没有半点架子，甚至比大多数人更拼命。

送外卖的日子辛苦但充实。周明开始注意到许多他以前从未留意的细节：哪栋写字楼的电梯总是拥挤，哪个小区的保安特别严格，哪家餐厅的出餐速度最慢。更重要的是，他第一次真正接触到了形形色色的顾客——匆忙的上班族、独自在家的老人、加班的程序员……

一天中午，周明接到一个送往金融中心的大订单。当他气喘吁吁地赶到28楼时，前台小姐皱着眉头："又晚了！我们一点半就要开会了！"

"对不起，电梯等了很久。"周明擦着汗道歉。

"算了算了。"前台小姐不耐烦地摆手，"反正这些外卖从来就没准时过。"

回去的路上，周明一直在思考这个问题：为什么写字楼的外卖总

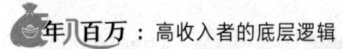

是迟到？是餐厅出餐慢？是配送路线不合理？还是写字楼本身的进出限制？那天晚上，他在小本子上画起了各种流程图和分析图。

三个月后，周明已经积累了两万多元。他租了一个小仓库，购买了三辆二手电动车，招募了两个送外卖时认识的朋友。他们的项目很简单：专门为金融中心的三栋写字楼提供午餐配送服务，但与普通外卖不同，他们直接与几家优质餐厅合作，提前确定菜单，保证每天十一点四十五分前送达。

"简餐快送"就这样诞生了。没有媒体报道，没有盛大的开业仪式，只有周明和团队每天凌晨四点起床准备，确保每一份餐食都准时、温热地送到客户手中。

第一个月，他们服务了30个固定客户；第三个月，这个数字增长到200；半年后，金融中心近五分之一的上班族都成了他们的客户。

然而，真正的考验发生在一个雨天。那天早上，周明接到合作餐厅的电话，主厨突发肠胃炎，无法按时完成订单。

"取消今天的服务吧。"合伙人建议，"这属于不可抗力。"

周明看着窗外的瓢泼大雨，摇了摇头："不，我们去其他餐厅采购类似的餐食，差价我们自己承担。"

那天，"简餐快送"的配送迟到了20分钟，但每一份餐盒里都附着一张卡片："今天的延误非常抱歉，本周午餐全部八折作为补偿。——简餐快送团队。"

让周明没想到的是，这次危机反而为他们赢得了更多客户。写字楼里开始流传着一个故事：有家新开的配送公司，老板亲自冒雨送餐，浑身湿透还不断道歉。

"你知道吗，"一位金融公司的部门经理在签下团餐合同时对周明说，"我们选择你们，不是因为你们的餐食最便宜或最美味，而是看到了你们处理问题的方式。这才是一个企业能走远的关键。"

三年后，当周明站在自己公司的年度晚会上，看着台下两百多名员工时，他想起那个空荡荡的办公室和林志远的话。如今的"简餐集团"已经发展成为拥有中央厨房、30辆配送车和50家合作餐厅的本地知名企业，年营业额已突破1亿元。

"很多人问我成功的秘诀是什么。"周明在致辞中说，"我想说，真正的创业不是一个绝妙的点子，而是心态——在失败后学习的心态，从零开始的心态，把每个挫折当作机会的心态。"

成功感悟

人生恰似一场跌宕的征途，周明创业失败，大厦倾颓，但他却未被打倒。他放下身段送外卖，在磨砺中洞察商机，凭借坚韧与真诚闯出了新天地。失败绝非终点，而是成功的序章。怀揣不惧失败的心态，方能于荆棘中踏出坦途，让梦想再度扬帆起航！

树立创业思维：从87次拒信到创造千万营收

　　创业思维，是从"自我能力导向"转向"用户需求驱动"的认知升级。创业者不再聚焦"我有什么资源或技术"，而是持续追问"用户未被满足的痛点是什么"，将商业价值建立在解决真实需求的基础上。

　　这种思维转型让创业者跳出自我中心的局限，让产品开发从"闭门造车"变为"精准匹配"。每一次产品迭代都成为与用户对话的延伸，资源投入不再是盲目撒网，而是像激光般聚焦在真正能点燃用户价值的靶点上。

 案例故事

　　陈默坐在狭小的出租屋里，盯着电脑屏幕上闪烁的简历投递记录——第87次投递，第87次没有回复。

　　三年前，他从一所普通大学毕业，满怀信心地踏入职场，以为凭借自己的专业能力很快就能闯出一片天地。然而，现实给了他当头一棒——大公司嫌他学历低，小公司嫌他没经验，创业……

就在这一刻，一个念头突然闪过他的脑海："如果找工作这么难，为什么不自己创造机会？"

陈默从小喜欢研究电子产品，大学时还自学了编程，虽然不算顶尖高手，但是做个简单的App或网站不成问题。他想起前几天在论坛上看到的一个帖子——"本地二手交易市场混乱，骗子多，交易效率低"。

"如果我做一个更安全、更高效的二手交易平台呢？"

这个想法让他心跳加速。他立刻打开电脑，开始搜索市场上的竞品，分析它们的优缺点。他发现现有的二手交易平台要么手续费太高，要么缺乏本地化服务，导致很多人在微信群或"闲鱼"上交易。

"也许，我可以做一个专注于本地、低手续费、担保交易的二手平台。"

说干就干。陈默用自己攒下的两万块钱租了一台云服务器，买了个域名，开始搭建网站。他没有团队，只能自己写代码、设计界面、测试功能。熬了整整一个月，他的第一个版本终于上线了——"易换"二手交易平台。

他兴奋地在本地论坛、微信群和大学校园里推广，甚至亲自跑到跳蚤市场发传单。第一天，只有5个用户注册；第二天，20个；一周后，终于有人在"易换"完成了第一笔交易——一台二手笔记本电脑。

陈默激动得差点跳起来，但很快，问题接踵而至……

用户增长缓慢：大多数人还是对新平台不信任。

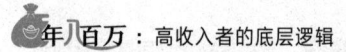

支付问题：有人投诉转账延迟，甚至有骗子利用漏洞诈骗。

资金紧张：服务器费用、推广费用像无底洞一样吞噬着他的积蓄。

一个月后，他的账户里只剩下3000块钱。

就在他几乎要放弃的时候，他在一次线下创业者交流会上遇到了林峰——一位做过电商、社交App，现在转型做投资的创业者。

陈默鼓起勇气，向他讲述了自己的困境。

林峰听完，笑了笑："你知道你最大的问题是什么吗？"

"资金？技术？推广？"陈默疑惑。

"都不是。"林峰摇头，"是你还在用打工者的思维创业。"

"什么意思？"

"打工者想的是'我有什么能力，就做什么事'，而创业者想的是'市场需要什么，我就去学什么'。"林峰顿了顿，"你的平台很好，但用户为什么非要选你？你得给他们一个无法拒绝的理由。"

这番话像一记闷雷，让陈默猛然清醒。

回去后，陈默重新思考自己的商业模式。他做了三件事：

聚焦痛点：他发现本地二手交易最大的问题是信任，于是引入"线下验货+平台担保"模式，确保买卖双方安全交易。

差异化竞争：他不再和其他平台比规模，而是专注服务大学生和年轻上班族，提供"24小时极速交易"功能。

低成本推广：他联合本地高校的社团，举办"校园二手集市"，用线下活动带动线上用户增长。

三个月后，"易换"的用户数量突破1万，日均交易量达到200单。一家本地投资机构主动找上门，愿意投资50万元。

有了资金支持，陈默优化了平台功能，增加了智能推荐、信用评分系统。一年后，"易换"成为本地最活跃的二手交易平台，覆盖10所高校和3个商业区。

这时，更大的机会来了——一家全国性的二手交易平台提出收购，价格是500万。

陈默犹豫了。卖掉，他可以立刻实现财富自由；不卖，他可能面临更激烈的竞争。

最终，他选择了拒绝。

"如果只是为了赚钱，我早就可以找个稳定的工作。"他对团队说，"但创业的意义，是创造价值。"

三年后，"易换"从一个小众平台成长为区域性品牌，业务拓展

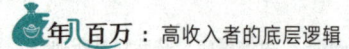

到周边5个城市，年营收突破千万。陈默也从当初那个迷茫的求职者，变成了别人眼中的"创业榜样"。

在一次创业分享会上，有人问他："你是怎么成功的？"

他想了想，回答：

"创业不是突然的灵感，而是一种思维模式——发现问题，解决问题，不断进化。

"当初我以为创业需要很多钱、很多人脉，但后来发现，最重要的是你愿不愿意从零开始，敢不敢面对失败，能不能持续学习。"

台下掌声雷动。

陈默知道，自己的创业之路才刚刚开始。

成功感悟

陈默从"自我能力导向"的迷茫中转身，在创业困境里听懂用户心底的声音。这场从"我能做什么"到"用户需要什么"的思维蜕变，让他在二手交易红海中劈开新航道。创业的星光，从来都闪耀在俯身倾听用户的时刻，当商业逻辑扎根于需求的土壤，价值之花自会向阳绽放。

培养长期视角：十年 "荒坡" 变 "金山"

🎒 创业锦囊

在创业领域，长期视角是一种超越短期利益诱惑、聚焦核心价值沉淀的战略思维。它意味着创业者不被即时数据波动或市场风口左右，而是以五年、十年甚至更长远的时间维度规划发展路径。

这种视角的核心是相信"价值复利"，视创业为持续进化的系统工程，而非追求快速变现的单次博弈。它能抵御短期主义陷阱，利于构建深层竞争优势，让创业者在马拉松式的商业竞争中笑到最后。

¥ 案例故事

林涛站在自己创办的"长青生态农业"示范基地里，看着眼前郁郁葱葱的果树和整齐排列的温室大棚，手指轻轻拂过一片油亮的茶叶。远处，工人们正忙着采摘今年第一批春茶，欢声笑语随着山风飘来。他的手机突然震动，屏幕显示"张教授"。

"老师。"林涛接通电话，声音里带着笑意。

"小林啊，我刚收到你们送来的耐旱茶苗报告，数据很不错！省农科院想邀请你下周来做分享。"电话那头传来老人欣慰的声音。

挂断电话，林涛走向基地最高处的观景台。从这里可以俯瞰整个示范园区——东侧是标准化种植区，西侧是生态养殖场，南面山坡上是他们花了六年时间培育的耐旱茶林。十年前，这里还是一片荒坡。

十年前的春天，农大研究生林涛到山区调研。烈日下，他看到老农民王德贵蹲在龟裂的田埂上，捧着一把干枯的稻穗儿发呆。

"大叔，今年收成不好？"林涛蹲下身问道。

王德贵抬头，黝黑的脸上皱纹像干涸的河床："三年了，一年比一年旱。小伙子，你说这地还怎么种？"他指向远处光秃秃的山坡，"以前那儿都是茶树，现在连草都不长了。"

当晚，林涛在村委会的硬板床上辗转难眠。月光照在桌面的调研数据上：该地区年均降雨量连续八年下降，传统作物减产40%以上。凌晨四点，他摸黑起床，打着手电给导师写了封邮件，他把自己要留在山区的决定告诉了导师。

这个决定让所有人吃惊。导师原本推荐他去省农科院，父母也在城里给他找了份高薪工作。

"你疯了吗？在穷山沟里能有什么前途？"朋友们都这样问他。

但林涛记得导师说过的话："农业问题的解决需要以十年为单位来计算。"他租下村里废弃的小学当宿舍，用积蓄承包了五十亩荒坡。第一年，他试种了七种耐旱作物，死了六种；第二年，引进的节水灌溉系统因为水质问题全部堵塞；第三年，好不容易成活的经济林遭遇山洪，损失惨重。

"大学生，你这法子不行。"王德贵摇着头，"庄稼要见现钱，等不了那么久。"

最困难的时候，林涛白天干活，晚上在网上学习沙漠农业技术。第四年春天，他尝试将传统梯田改造为"海绵农田"，在作物间作中加入固氮植物。那年夏天特别干旱，但他的试验田保住了七成产量。

"有点儿意思。"王德贵蹲在地头，捏起一撮湿润的土壤，"这地多久能养回来？"

"完全恢复要五六年。"林涛擦着汗说，"但明年产量就可能提高20%。"

渐渐地，村里有人开始跟着他干。第五年，他们成立了合作社；第七年，他们建起第一个智能温室；第八年，他们研发的耐旱茶苗获得专利。现在，他们的生态农产品通过电商平台卖到了全国，合作社社员年均收入比十年前翻了四倍！

"林总，新一批茶苗的检测报告。"技术员小跑着递来文件夹，"存活率达到92%！"

林涛翻开报告，想起三年前那个暴雨夜。当时投资方施压要求改种速生经济林，威胁撤资。他在会议室的白板上画了条时间轴："如果只看明年，速生林确实赚钱快。但五年后呢？我们的土壤会再次退化。"

今天，站在郁郁葱葱的山坡上，他摸出手机拍了张照片发给当年的投资方。对方很快回复："还是你眼光长远。新项目有兴趣合

作吗？"

夕阳西下，林涛走向新建的农业培训中心。教室里，王德贵正在给年轻人讲生态种植的要领。老人看见他，咧嘴一笑，露出缺了颗门牙的牙床："林老师，这是新来的大学生志愿者，你来讲第一课？"

"好。"林涛点头，从包里取出精心准备的讲义，首页写着："农业是时间的艺术——如何用十年后的眼光做今天的决策"。

夜幕降临，山间亮起星星点点的灯光。林涛想起十年前那个失眠的夜晚，想起那些说他傻的人，想起半途离开的伙伴。农业从来不是立竿见影的产业，但正是那些愿意等待的人，最终收获了甜美的果实。

远处传来拖拉机的轰鸣，那是工人们在连夜运输明天要发往城市的有机蔬菜。林涛知道，在这片重新焕发生机的土地上，还有无数个十年在等待着他们。

成功感悟

> 林涛扎根荒山十年，用"以十年为单位"的农业哲学书写创业传奇。他抵住速生林的短期诱惑，在旱死、山洪的打击中坚守生态种植，让荒坡变身绿洲。创业的长期视角，是把时光酿成养分，在看不到收成的日子里默默扎根——那些愿意用十年眼光播种的人，终将等到属于时间的馈赠，让价值在岁月沉淀中破土而出。

主动创造机会：从求职困局到
千万级操盘手的主动人生

主动创造机会对创业者而言，是成长路上的强大助推器，它能极大提升人的创新思维。在主动探寻机会的过程中，需要突破常规认知，迫使大脑不断构思新方案，让思维由此变得愈发活跃与开阔。

创造机会还能锻炼创业者的抗压能力。面对挑战，挫折在所难免，可每一次克服困难，都能增强内心韧性。并且，成功创造机会能带来满满的成就感，为自信加码，激励创业者勇敢追逐更高的目标，不断突破自我，实现个人价值的最大化。

💰 **案例故事**

李阳第三次修改完简历时，窗外的天色已经泛白。他揉了揉酸胀的眼睛，看着电脑屏幕上密密麻麻的求职记录——过去三个月共投递了52份简历，最终全部石沉大海。手机屏幕亮起，是房东发来的催租信息："小李，下季度房租该交了。"

2020年的夏天格外炎热。李阳从一所普通大学毕业，专业是市场管理，成绩中等，没有丰富的实习经历。当时的就业市场像被晒蔫的树叶，他投递的岗位不是要求"985硕士以上"，就是"三年相关经验"。

"要不先送外卖吧，"室友王浩咬着冰棍说，"我表哥在美团，一个月能挣8000元。"

李阳没说话，手指无意识地敲着桌子。他突然想起大二时参加的一场创业讲座，那位主讲人说的话："机会不是等来的，而是创造出来的。"

第二天，李阳做了件让所有人意外的事。他打印了50份特殊简历，不是投给HR邮箱，而是直接跑到本市最繁华的CBD写字楼。每天早上七点半，他准时出现在大厦咖啡厅，点一杯最便宜的咖啡，观察来往的白领。

第七天，他注意到一个中年男人总是边喝咖啡边皱眉看报表。那天下午，李阳装作偶然坐在他旁边："您在看K线图？这只股票最近在筑底。"男人惊讶地抬头，李阳趁机递上简历："我是金融爱好者，自学了两年证券分析。"

三天后，李阳成了这家证券公司的临时数据员。工作枯燥——整理交易记录，月薪只有4000元。但他每天会早到一小时，帮分析师们泡咖啡时"顺便"请教问题。下班后主动留下，把枯燥的数据做成可视化图表。两个月后，部门主管发现这个临时工做的行业分析报告比正式员工做的还专业。

"小李，下个月投资峰会你跟我去。"主管拍拍他肩膀，"记得打领带。"峰会上，李阳认识了科技公司的产品总监张莉。交换名片时，他注意到对方在找懂金融的互联网人才。当晚，他熬通宵写了一份《金融科技产品优化建议》，第二天冒雨送到张莉办公室。

"有意思。"张莉翻看文件，"但你怎么确定我们需要这个？"

"贵司App的转化率比同行业低15％，"李阳指着自己做的对比表，"我在证券公司见过太多用户流失的案例。"就这样，李阳跳槽成了产品助理，工资翻倍。互联网公司的节奏快得吓人，他却如鱼得水。午休时他溜进技术部学编程，周末报名用户体验设计课。有次团建，同事们讨论短视频风口，他默默记下每个人的观点，回家写成行业分析报告发到网上，意外获得了某创投机构的关注。

2021年冬天，李阳在行业论坛主动拦住了演讲完的投资人徐岩。"徐总，您刚才说的下沉市场数据，我们实测结果不太一样。"他递上U盘，"这里有我们三个月的实地调研。"徐岩后来回忆说："那小子像早有准备，连我常抽的雪茄牌子都知道。"一个月后，李阳加入徐岩的创投基金，成为一名年轻的投资经理。

新公司上班第一天，李阳就做了件出人意料的事——他把过去三年错过的368个投资项目全部复盘，找出17个被低估的项目，挨个登门拜访。有一次为了见一位隐居的AI专家，他在对方小区门口等了三天，最终用一份结合专家论文设计的商业计划书打动了对方。

"你比那些只会看财报的投资人强多了。"专家签完协议时说，"至少你真的懂技术。"

2022年春天，李阳主导投资的第一家公司上市。庆功宴上，徐岩

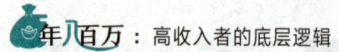

问他成功的秘诀。李阳掏出手机，展示了一个特殊日历软件：每天记录三个可能的机会，红色是错过的，绿色是抓住的，蓝色是创造的。屏幕上蓝绿交织一片。"最开始全是红色，"他笑着说，"后来明白机会不是树上掉下来的苹果，是自己嫁接出来的新品种。"

上周，李阳回母校演讲。台下有个戴眼镜的男生怯生生地提问："学长，我没有实习经历怎么办？"

"我大四时跑去4S店打工，"李阳解开西装扣子，"发现买豪车的老板更需要理财建议，就这样认识了第一位贵人。"会场响起笑声。他正色道："重点不是做什么，而是带着什么目的去做。"

散场后，李阳站在校门口等车。三年前那个迷茫的毕业生仿佛还在眼前，如今他口袋里装着的是刚签完的千万级项目书。

街上路灯亮起，照亮他前行的路。这世上本没有准备好的机会，只有主动伸手去够的人生。

成功感悟

人生恰似李阳的逐梦旅程，机会不会从天而降。在困顿时，我们要主动寻找生机；在平凡时，我们要不断创造机会。怀揣梦想，凭借积极心态、创新之举，勇敢伸手，我们终能挣脱迷茫，让梦想照进现实，拥抱熠熠生辉的未来。

第二章

副业破局：从月入3000到3万的冷启动

激发创业灵感：个性化定制的
温暖"晨光烘焙"

 创业锦囊

　　创业灵感的激发源于多元途径：一是深入生活体验，留意日常困扰。像共享充电宝的诞生，便是针对出行中手机电量焦虑的破题之举。二是钻研行业前沿，关注科技革新。5G的兴起催生了众多相关新业务。三是跨界交流碰撞，不同领域的知识、思维交融，如艺术与科技联合打造出沉浸式体验项目。四是参与社交活动，与创业者、专家交流，汲取经验与新视角。总之，保持好奇、开放的心态，从生活、行业、跨界及人际互动中广泛挖掘，创业灵感便会源源不断地涌现。

 案例故事

　　在创业的道路上，充满了无数的挑战与未知，其中最为可贵的是那些能够重新崛起的创业者。苏芮，就是这样一位勇敢且聪慧的创业者。

　　凌晨三点，苏芮又一次从噩梦中惊醒。她梦见自己的面包店倒闭了，那些精心烘焙的面包被成堆地扔进垃圾桶。窗外下着小雨，雨滴敲打着铁皮屋檐，像在嘲笑她这个创业失败者。

三个月前，苏芮的"麦香时光"面包店被迫关门。她倾注全部积蓄研发的"低糖健康面包"根本卖不动，附近写字楼的白领更喜欢选择那些高糖高油的网红甜品。面包店破产清算那天，她蹲在后厨哭到干呕，手里还攥着没来得及使用的法国进口面粉。

雨停了，苏芮披上外套出门散步。五月的晨风带着槐花香，她不知不觉走到以前店铺所在的商业街。令她惊讶的是，凌晨四点的街道并不冷清——环卫工人正在清扫街道，早餐摊主们支起冒着热气的炉灶，几个代驾司机凑在一起抽烟聊天。

"姑娘，来个煎饼吗？"头发花白的摊主热情招呼，"起得这么早。"

苏芮摇摇头，目光被摊位上的一个小本子吸引。那是一本手写账本，密密麻麻记录着各种配料比例和顾客评价。

"您还做产品调研？"她忍不住问。

"嗨，我哪懂这些。"王婶笑着翻动账本，"就是记下哪个小姑娘要减肥，哪个小伙子爱吃辣，第二天就给他们特制。"她指着一条记录："你看这个'穿红裙子的会计姑娘'，每次都要少放薄脆，我知道她要减肥，就专门给她调了低脂酱料。"

苏芮心脏突然漏跳一拍。她突然意识到自己失败的原因——只顾研发"健康理念"，却从未真正了解过顾客的需求。

接下来的两周，苏芮开始了她的"凌晨市场调查"：每天三点起床，深入不同行业的早班人群。她发现，快递小哥普遍有胃病且饮食

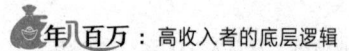

不规律，环卫工人抱怨早餐太油、难消化。

某个雾气朦胧的清晨，苏芮在公园长椅上遇到一位戴眼镜的年轻人，正对着笔记本电脑狼吞虎咽地吃着一块三明治。"您这是早餐还是加餐？"她好奇地问。

"都是。我在赶融资计划书，但低血糖犯了……"他晃了晃手里的可乐，"明知道不健康，可便利店只有这个能快速提神。"

这句话像闪电劈进苏芮的脑海。她突然明白了一个道理——健康食品不该是冷冰冰的说教，而应该成为忙碌生活里的温暖解决方案。

当天下午，苏芮敲开了社区养老院的门。"我想免费给老人们做早餐，"她对满脸疑惑的院长说，"只要您允许我记录他们的用餐习惯。"一个月后，她的笔记本记满了宝贵的发现：李爷爷喜欢把面包泡在牛奶里，王奶奶总把面包掰成小块分给麻雀，失智症的赵阿姨只认小时候吃过的蜂窝面包……

与此同时，苏芮开始疯狂学习。她报名了营养学网课，向中医请教药膳配方，甚至混进互联网公司听产品经理讲座。有天深夜，她盯着墙上贴满的便笺纸突然大笑——那些看似杂乱的信息竟然自动分成了三类：特殊人群、使用场景、情感需求。

2023年元旦，苏芮的"晨光计划"正式启动。没有急着租店面，她先花3000元改装了一辆二手餐车。餐车设计别出心裁：左侧是可升降的工作台，方便坐轮椅的人点餐；右侧是保温柜，分层存放不同"功能"的面包；最特别的是餐车尾部的小黑板，每天更新顾客留言和产品迭代记录。

第一周只卖出七个面包。但苏芮注意到，那个每天买"程序员特供包"的年轻人，第三天开始会多拿一包给加班的同事。到了第二周，写字楼保安主动提出让她把餐车停在显眼位置。第三周，附近一家医院的护士长打来电话，询问能否定制适合化疗患者的点心。

转折点在一个下雨的早晨。苏芮发现总来买"阿姨养生包"的顾客没出现，一番打听才知对方脚踝骨折了。她立刻装好面包冒雨送去，却看到阿姨正吃着剩饭。那一刻，"居家订购服务"的构想在她脑中闪现。

现在的"晨光烘焙"早已不是一辆餐车。他们在城市五个片区设有中央厨房，为不同职业、不同健康状况的客户提供定制化早餐服务。最受欢迎的产品是"夜班能量盒"——里面不仅有补充体力的坚果面包，还有提神的薄荷茶包和鼓励小卡片。

上周，苏芮受邀在创业大会上分享经验。她带去的不是PPT，而是一本贴满便签的笔记本。"灵感不是凭空而来的闪电，"她翻开泛黄的纸页，"是我们在别人生活里播下的种子。"

台下有人举起手机拍下这样一页：潦草画着一个流泪的emoji，旁边写着："化疗患者说面包让她想起妈妈的味道→研发怀旧系列。"

会后，当年那个在公园啃三明治的年轻人找到苏芮。他现在是知名风投的分析师，递来的名片上面印着"张睿"。

"苏总，"他笑着说，"您知道我们最初投资晨光的真正原因吗？"

苏芮摇摇头。

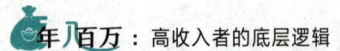

"因为尽职调查时，我们在您的垃圾箱里发现了37版废弃的配方，"张睿眨眨眼，"但每张废纸上都写着试吃者的名字和反馈。"

回家的路上，苏芮绕道去了老地方。煎饼摊还在，摊前排着长队。老人看到她，神秘地招手："来，给你留了个好东西。"那是一个旧账本，扉页上歪歪扭扭地写着："赠给改变早餐的姑娘"。

苏芮翻开账本，发现里面全是摊主这些年来记录的关于顾客的故事。最后一页的日期是昨天，上面画着个笑脸，附注写着："穿西装的姑娘今天领证了，记得给她做个心形煎饼。"

晨光中，苏芮抱紧账本走向餐车。她知道，下一个灵感种子已经悄然发芽。

成功感悟

创业灵感绝非凭空降临，它隐匿于生活的细微褶皱里。苏芮在至暗时刻触底反弹，皆因俯身贴近大众生活，用心凝视、细心聆听。她把那些看似不起眼的需求与心声，化作一颗颗灵感种子，耐心浇灌。只要我们也这般用心，终能让灵感绽放创业繁花，拥抱成功。

认定目标导向：坚持的地质锤，敲出"北极星"奇迹

 创业锦囊

创业是一场充满变数的艰难跋涉，目标导向至关重要。清晰的目标如同精准的导航，认定目标绝不动摇，能赋予创业者强大的内心支撑。

创业途中，诱惑与干扰层出不穷，资金诱惑、短期利益、外界质疑常如迷雾。此时，唯有坚守目标，才能不被迷惑，聚焦核心业务，把心力集中在关键环节。凭借这份笃定，创业者方能冲破重重阻碍，在荆棘中踏出一条成功之路，将创业蓝图逐步变为现实。

案例故事

赵明站在戈壁滩上，手中地质锤的金属表面反射着刺眼的阳光。38℃的高温下，他的工作服已经结出盐霜。远处，其他勘探队员正在收拾设备准备撤离，队长老马朝他喊道："小赵，别折腾了！这片区域我们已经扫了三遍，不可能有矿！"

这是2020年夏天，赵明来勘探队工作的第七个月。他们受雇于一

家矿业公司，在西北戈壁寻找稀土矿脉。六个月来，团队按照公司提供的勘探方案，使用最先进的探测设备，却始终一无所获。公司已经下达撤退指令，明天就会有直升机来接他们离开。

但赵明没有动。他蹲下身，指尖摩挲着一块不起眼的褐色岩石。这块石头不符合任何已知矿脉的特征，却与他硕士论文中研究过的特殊成矿模型高度吻合。三年前，他曾在《地质学报》发表过一篇关于"非典型稀土矿藏形成机制"的论文，被学界认为是"异想天开"。

"你小子聋了吗？"老马走过来踢飞一块碎石，"公司给的勘探范围里没有矿，这就是结果！"

赵明抬起头，汗水顺着他的太阳穴滑落："马队，我想申请延长三天，就测这个点。"他指向远处一片龟裂的洼地。

"凭啥？就凭你手里那块破石头？"老马嗤笑，"别忘了是谁给你发工资！"

当晚的营地会议上，赵明摊开自己绘制的勘探图："公司划定的区域是基于传统成矿理论，但如果参考我的模型……"

"得了吧！"项目经理打断他，"公司花300万买的探测数据不比你的破纸靠谱？"

帐篷里安静得可怕。赵明缓缓卷起图纸，突然问："各位还记得我们为什么干这行吗？"

没人回答。他自顾自地说："我大学时导师常说，地质勘探者应该像北极星一样，认准目标就不动摇。"他指向帐篷外璀璨的星空："而现在，我们明明看到了星光，却因为别人说'那里不可能有星星'就放弃仰望。"

第二天清晨，直升机带走了除赵明外的所有队员。他用个人积蓄付清了违约金，独自留在戈壁。没有先进设备，他就用最原始的地质锤和放大镜；没有团队支持，他每天徒步20公里采样。第七天，他在一处断崖边发现了一条奇特的岩脉——正是他论文预言过的"热液蚀变型稀土矿"。

2021年春天，这条被命名为"北极星一号"的矿脉震惊了整个矿业界。检测发现，其稀土氧化物含量是常规矿藏的3倍，而开采成本仅为40%。赵明站在新闻发布会现场，背后大屏幕展示着矿脉的三维模型。有记者提问："您是如何坚持到最后的？"

赵明从口袋里掏出那块改变他命运的褐色岩石："当全世界都说你错了的时候，要么你疯了，要么你看见了别人看不见的东西。"

矿场投产后，赵明没有选择安逸的管理岗位，而是组建了自己的勘探团队。与大型矿业公司不同，他的团队没有固定的勘探区域，而是到处寻找地质线索。办公室里挂着一幅特殊的世界地图，上面标注的全是传统理论认定"不可能有矿"的区域。

2022年冬天，赵明在青藏高原发现"北极星二号"矿脉时，收到了一封特殊邮件。发件人是当年那个项目经理，邮件只有一句话："北极星确实不会改变方向。"附件是一张照片——一群地质系学生举着赵明的论文合影，背景横幅写着"非典型成矿理论研讨会"。

2023年5月，赵明回到母校演讲。台下坐着当年否定他的教授

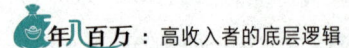

们，如今都成了"非典型成矿理论"的支持者。演讲结束，一个怯生生的女生拦住他："赵学长，我的毕业论文也被导师说'异想天开'……"

赵明从讲台上拿起一瓶水说："这是我从北极星三号矿带回来的卤水。"赵明笑着说："三年前有人说那里连地下水都不可能存在。"他递给女生一张名片："毕业后有兴趣来我们团队吗？我们专门寻找'不可能存在'的矿藏。"

走出报告厅，赵明望着校园里飘扬的旗帜，想起大学毕业时导师送他的那块石英——透明却坚硬无比。

他走向地质学院的标本馆。在角落的展柜里，静静躺着一块毫不起眼的岩石标本，标签上写着："赵明采集，2020年，西北戈壁"。没人知道，这块石头背后藏着一个关于坚持的故事——就像北极星，永远指向北方。

 成功感悟

　　创业之路正如赵明勘探的戈壁，目标是永不偏移的北极星。当质疑如热浪席卷，他紧握信念的地质锤，在无人问津处深挖。这份坚持，让每颗被嘲笑的"异想天开"的心，终在时光里淬炼成照亮前路的矿石，指引后来者：心有方向，何惧路长。

寻找适合自己的项目：
"百职体验"找到人生出口

 创业锦囊

　　投身创业浪潮，探寻契合自身的项目，大胆尝试是重中之重。首要之举，是对自身进行一次全方位、深层次的剖析。回顾过往的工作经历，仔细梳理每一项任务，挖掘那些让你脱颖而出、收获认可的闪光点。与此同时，利用业余时间，以小成本投身不同实践。

　　别怕犯错，更别怕失败，每一次尝试都是对自我边界的勇敢拓宽，能帮助你精准锚定适合自己的创业项目，稳稳开启成功的大门。

 案例故事

　　林小雨站在写字楼的玻璃幕墙前，看着里面西装革履的白领端着咖啡匆匆走过。她低头看了看自己手里第五份被拒的简历，又抬头望了望这座城市的天空——灰蒙蒙的，就像她此刻的心情。

　　这是她大学毕业后的第八个月，已经换了四份工作。第一份是会计，干了三个月，每天都在重复填写同样的表格；第二份是销售，业绩垫底被辞退；第三份是培训机构老师，嗓子哑了也没留住学生；第四份是新媒体运营，写了两百篇推文后突然问自己："我到底在做什么？"

地铁站口的风很大，吹乱了她为面试精心打理的头发。手机震动，母亲发来信息："闺女，你王阿姨说银行在招人，要不要试试？"林小雨没回复，手指划开朋友圈，看到大学室友晒出的升职照片——那个曾经考试总抄她答案的女孩，现在已经是某外企的主管了。

"为什么别人都找对了路，只有我在迷宫里打转？"林小雨踢飞了一颗小石子，石子滚进路边的下水道，发出清脆的回响。

第二天，她鬼使神差地走进一家陶艺工作室。这是她第三次路过这里，每次都被橱窗里那些造型独特的杯子吸引。工作室主人是个扎着马尾辫的姑娘，姑且就叫她"马尾辫"，正专注地捏着一团陶土。

"要体验吗？80元一小时。"马尾辫头也不抬地说。

林小雨本想摇头，手却不受控制地接过了围裙。当冰凉的陶土在她指尖变形时，一种奇怪的熟悉感涌上心头。她想起小时候总爱捏泥巴被母亲责骂，想起大学时偷偷选修陶艺课却因为被人说"不务正业"而退课。

"你手很稳啊。"马尾辫突然说，"第一次玩就能拉这么匀的坯，少见。"

那天，林小雨在工作室待到深夜。回家的地铁上，虽然她手上还沾着没洗干净的陶泥，心里却比任何时候都轻松。经过一家便利店时，她买了个笔记本，在扉页写下："寻找林小雨的可能性"。

接下来的三个月，林小雨开始了她的"百职体验计划"。每周尝试两到三种新工作：周一去宠物店当临时美容师，周三参加烘焙课，周末到花店学插花。她记录下每个体验的细节——给泰迪犬剪毛时的专注感，面团在掌心发酵的温度，不同花材搭配时的色彩冲击。

笔记本渐渐写满，林小雨发现一个规律：凡是需要动手创造的工作，她都能很快进入状态；纯脑力或重复性的工作，不到半小时就会走神。最让她惊讶的是，在陶艺工作室帮忙的那周，她竟然能连续工作八小时不觉得累。

"你有没有想过做职业咨询？"马尾辫——现在她知道对方叫阿雅——某天突然问她，"你这种类型的人，适合当maker（创造者）而不是manager（管理者）。"

这句话像一把钥匙，打开了林小雨记忆的闸门。她想起大学时随手捏的陶土小人被室友高价"收购"，想起高中手工课做的布偶被同学争相预订，甚至想起小学时用废纸箱做的城堡在全校展览的往事。

"但我学的是会计啊……"林小雨喃喃自语。

"那又怎样？"阿雅指着工作室里一个造型奇特的花瓶，"这是学计算机的小伙子做的，现在人家开了自己的工作室。"

2021年春天，林小雨报名参加了专业的陶艺培训。学费花光了她所有积蓄，但她第一次觉得钱花得值。培训班的老师看了她的作品后说："你的器物里有呼吸。"

结业那天，林小雨没有像其他同学那样急着找工作。她租了间郊区的小仓库，把它改造成简易的工作室。白天接些小订单维持生计，晚上搞创作。没有客户时，她就去各个市集摆摊，观察人们对不同器

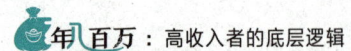

物的反应。

转折点发生在一个雨天。市集游客稀少，林小雨无聊地用陶土捏了组迷你餐具。一个路过的妈妈被吸引，问她能不能定制一套儿童餐具。"我女儿总摔碗，但你的作品看起来……"那位妈妈斟酌着用词，"很有生命力，她说不定会珍惜。"

这套"摔不碎的童话餐具"后来成了林小雨的招牌产品。她用特殊工艺让陶器在保持轻巧的同时更加耐用，还在每件餐具底部刻上小主人的名字。从那以后，订单渐渐多了起来，最让她意外的是，很多购买者都是当年和她一样的年轻妈妈——追求实用又渴望美感的都市女性。

2022年冬天，林小雨的工作室搬进了正式场地。她设计的"成长系列"儿童餐具获得设计大奖，采访记者问她成功的秘诀。她展示出那本写满体验记录的笔记本："人生没有白走的路，但一定要走自己的路。"

成功感悟

林小雨用亲身经历证明，探寻自身兴趣与特长是成功的必由之路。身处迷茫，恰似置身迷雾森林，勇敢尝试便是那束穿透阴霾的光。兴趣是梦想的火种，特长是前行的利刃，当它们完美交织，就能斩断荆棘，从荒芜中劈出繁花似锦的通途，让生命闪耀独特的光芒。

制订创业计划："倒掉"
传统计划，"泡出"咖啡社群

 创业锦囊

　　创业计划是创业者对未来创业活动的全面规划，涵盖项目概述、市场分析、运营策略、财务预算等关键板块，是引领创业方向的蓝图。

　　制订创业计划时，先精准定位项目，深入调研市场需求与竞争态势；规划清晰运营流程，如产品研发、推广渠道等；合理编制财务预算，预估成本与收益。拥有一份完善的创业计划，能让创业者明晰目标，有条不紊地推进项目，提前规避潜在风险，还能作为有力工具吸引投资、凝聚团队，大幅提升创业成功概率。

 案例故事

　　凌晨两点，陈远盯着电脑屏幕上的数字，眼睛酸涩得像被砂纸磨过。电子表格里密密麻麻的数据是他熬了三个通宵做出来的创业计划书，但最后一行的数字依然刺眼——启动资金缺口：47万元。

　　窗外的雨已经下了整整一天，水珠顺着玻璃窗蜿蜒而下，就像他

脑海中不断修改又推翻的方案。手机屏幕亮起，是女友小敏发来的消息："还不睡？明天不是要见投资人吗？"

陈远没回复，手指在删除键上徘徊。这份计划书已经改了十一版，可每次重新计算，那些冰冷的数字都在提醒他同一个事实：按照传统模式开一家高端咖啡店，在当下这个地段，几乎没有盈利的可能。

"要不算了吧？"小敏上周末的话又在他耳边响起，"现在经济不景气，好多咖啡店都在倒闭……"

陈远猛地合上电脑，从书架上抽出一本旧相册。扉页是他五年前在云南咖啡庄园拍的照片，年轻的脸上沾着咖啡果的汁液，笑容比身后的阳光还灿烂。那是他第一次知道，原来咖啡豆不是天生褐色的，一杯好咖啡背后有很多人的心血。

相册翻到中间，夹着一张发黄的纸——他二十二岁时写的人生愿望清单。第一条赫然是："拥有一家自己的咖啡店，让更多人喝到真正的好咖啡。"

雨声渐歇，陈远突然抓起钥匙走出了房门。他骑着共享单车，来到那个已经看了半年的铺面。卷帘门上贴着"出租"的字条在夜风中轻轻摆动，像在向他招手。

就是在这里，三个月前，他遇到了来买咖啡的老周。那位满头银发的长者尝了一口他手冲的咖啡后，眯起眼睛说："小伙子，你这手艺不该只当个咖啡师。"后来他才知道，老周是本地餐饮协会的副会长。

手机震动，是老周发来的信息："明天带计划书来协会，有几个'老家伙'想见你。"

陈远站在空荡的店铺前，突然明白了什么。他跑回家，把电脑里的计划书拖进回收站，抓起素描本开始画全新的蓝图。这一次，他没有从预算和装修方案入手，而是先画了一个三角形：

顶点写着"价值主张"，左下角是"客户群体"，右下角是"成本结构"。在这个简单的框架下，他重新思考每个环节。天光微亮时，一个大胆的想法浮出水面——为什么一定要开传统的咖啡店？

七天后，陈远站在餐饮协会的会议室里，面前坐着五位投资人。他打开的不是精美的PPT，而是一个装着咖啡豆的麻布袋。

"各位老师，请先尝尝这个。"他给每人倒了杯手冲咖啡，"这是云南咖农张大叔种的豆子，他去年差点儿因为销路问题砍掉咖啡树。"

投资人交换着眼神，其中一位啜饮一口，挑眉道："不错，但和你的创业计划有什么关系？"

陈远微笑着展开他的草图："我想做一个'咖啡社群'——前半部分是体验空间，顾客可以参与烘焙和冲泡，后半部分是共享办公区。盈利不靠卖咖啡，而是会员费和咖啡课程。"

最年长的投资人摘下眼镜："年轻人，你知道这要冒多大风险吗？"

"算过。"陈远递上一沓纸，"这是周边3公里内127位目标用户的调研数据。现代人需要的不是多一家咖啡店，而是一个能学习、社

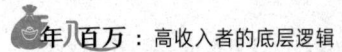

交和放松的第三空间。"

会议室突然安静。老周轻轻点头，另一位投资人开始翻阅资料。最终，那位最严厉的投资人开口："给你60万，占股30%，但有个条件——我要看你第一个月的用户留存率。"

签约那天，小敏帮着打扫新店铺，在墙角发现一叠被丢弃的旧计划书。她好奇地翻开最早的一版，上面写满了天马行空的构思；往后翻，每一版都更"现实"一些，却也更加平庸。最新的一版被揉皱又展平，边角处有行小字："差点忘了为什么出发"。

装修期间，陈远做了件同行看来很傻的事——他花了两周时间，亲自拜访周边每家公司的HR，不是推销咖啡，而是询问公司员工的休息需求。这些细节最终体现在空间设计里：程序员多的楼层角落设置静音舱，创意公司集中的区域增加白板墙，甚至为附近医院的护士设计了快速取餐窗口。

开业前一天，陈远在店里忙到凌晨。老周突然推门进来，拎着两瓶啤酒。"紧张吗？"老人问。

陈远擦了擦手上的灰尘："比想象中平静。毕竟这次不是为了开店而开店，而是真的想解决一个问题。"

老周笑了，指着墙上那幅云南咖啡庄园的照片："记住这个眼神。做生意最怕的不是赔钱，而是忘了自己是谁。"

"远山咖啡社群"开业首月就实现了收支平衡。最受欢迎的竟不是咖啡本身，而是"咖啡大师课"——顾客沉迷于亲手烘焙豆子的过程，有位金融分析师甚至辞去工作，成了店里的专职烘焙师。

年底盘点时，陈远发现了一个有趣的现象：虽然单杯咖啡利润比传统店低30%，但会员续费率高达85%，周边产品销售额更是超出预期的两倍。更让他惊喜的是，云南张大叔的咖啡豆因为顾客的口碑传播，接到了来自全国的订单。

在第二家分店筹备会上，新来的实习生问陈远成功的秘诀。他指着会议室白板上那个最初的三角形草图说：

"好的创业计划不是预测未来，而是设计未来。关键不在于设计得多么完美，而在于能否回答三个问题：你为谁解决什么问题？为什么是你来解决？如何可持续地解决？"

窗外，今年的第一场雪悄然落下。陈远想起一年前那个雨夜，想起被自己扔进回收站的十一版计划书。它们都没有错，只是缺少了最重要的东西——一个真实的、需要他来解决的问题。

他打开电脑，新建了一个文档，标题是"远山咖啡五年规划"。第一行写着："让一百个乡村咖啡种植户直接对接城市消费者……"

成功感悟

创业之路，恰似在茫茫暗夜中航行，而创业计划无疑是那闪亮的灯塔。陈远在困境中，从最初十一版计划书的迷茫，到挖掘需求、重塑方案，最终迎来曙光。可见，用心雕琢创业计划，能精准锚定方向，破解难题，赋予梦想乘风破浪的力量，驶向成功的彼岸。

客户的转化:"灯塔计划"
点亮优学转化率

客户转化率,即一定时期内将潜在客户成功转化为实际购买客户的比例。它是衡量企业营销与销售成效的关键指标。高客户转化率能有效降低获客成本,让每一笔投入换来更多实际订单,从而提升企业盈利能力。

要提升客户转化率,首先得精准定位目标客户,深入了解其需求与痛点,同时需要优化产品展示,提供优质服务。还可以利用营销手段,如促销活动、客户评价等,增强客户购买信心,引导其迈出购买决策的关键一步。

¥ 案例故事

周岩盯着电脑屏幕上的数据报表,手指无意识地敲打着桌面。整整三个月了,"优学"在线教育平台的转化率始终卡在3.2%,远低于行业平均水平。会议室玻璃墙外,技术团队正在收拾东西准备下班,而他的太阳穴突突直跳——明天就是董事会季度汇报,这份成绩单根本拿不出手。

"周总，又来了。"运营主管小林推门进来，递上一份打印件，"今天第17个申请退费的。"

周岩扫了一眼退费原因："课程内容不符合预期"。这已经是本周收到的第83条以同样理由退费的申请。他揉了揉发红的眼睛，想起昨天技术总监的话："我们的课程完课率只有11%，用户平均停留时间不到8分钟……"

窗外暮色渐沉，周岩鬼使神差地打开用户数据库，随机点开一个学员档案：ID"晨光微亮"，注册67天，购买过3门单价199元的编程课，最近登录是两周前。他拨通了资料里留的电话。

"喂？"电话那头是个年轻女声，还有小孩的哭闹声。

"您好，我是优学平台的周岩，想了解……"

"又是推销吗？"对方语气立刻警惕起来，"我不需要续课！"

电话挂断的忙音像一记耳光。周岩呆坐片刻，突然抓起外套冲出办公室。导航显示这个叫"晨光微亮"的用户——李媛女士住在城东的锦绣小区，开车需要40分钟。

晚上8点，周岩站在一栋老旧的居民楼前，犹豫着按下门铃。开门的是一位扎着马尾辫的年轻女性。

"你是？"李媛瞪大眼睛。

"抱歉冒昧来访。"周岩递上名片，"我是优学平台的周岩，只想请教您一个问题——为什么我们的课程对您没用？"

或许是这份执着打动了李媛，她让周岩进了门。"其实内容很好。"李媛说，"但我每天只有孩子午睡时能学一小时，你们课程每节都30分钟起，经常学到一半就被打断……"

她翻开手机相册："看，这是我做的学习记录。每次中断后重新看，都要倒回去找进度，太浪费时间了。"

照片里是张excel表，详细记录着每次学习的中断点和复习耗时。周岩如获至宝，连珠炮般追问："如果课程能自动记录中断位置？""如果每节拆成几个10分钟微课？""是否需要一对一辅导？"

"最需要的不是这些。"李媛摇头，"我是想转行做程序员，但根本不知道学完能接什么活，能不能赚到钱……"

回公司的路上，周岩的大脑高速运转。路灯在车窗上投下流动的光影，他想起三年前创业的初心——"让学习真正改变生活"，而现

在，他们却成了只会卖课的机器。

第二天董事会上，周岩出人意料地没放PPT，而是播放了一段录音——李媛和其他11个用户的真实反馈。播放完毕，会议室鸦雀无声。

"我提议暂停所有营销投放，全面重构产品逻辑。"周岩的声音在颤抖，"不是用户不愿意学，而是我们的课程没解决他们真正的痛点。"

经过激烈争论，董事会给了他三个月试错期。周岩立即启动"灯塔计划"，亲自带队访谈了200名不同阶段的用户。他们发现了一个惊人的事实：80%的学员最需要的不是更多课程，而是明确的学习路径和成果验证。

两个月后，"优学2.0"上线。新版本砍掉了60%的课程，增加了"技能图谱"和"实战工坊"。革命性的变化是"学习护照"功能——学员每掌握一个技能，就可以解锁真实的企业微任务，从简单的代码调试到小型项目开发，完成后不仅能获得奖金，还能积累可验证的作品集。

李媛成了第一批体验者。在完成第三个Python实战任务后，她兴奋地给周岩发消息："刚收到第一笔奖金！比超市理货员一周工资还高！"

数据开始攀升：完课率提升至67%，平均学习时长翻了三倍，更惊人的是转化率——从3.2%飙升至19.7%。

年底庆功宴上，市场部同事好奇地问周岩怎么想到转型。他指着大屏幕上的用户画像说："我们以前总想着怎么把用户转化成付费客户，却忘了要先把自己转化成用户问题的解决者。"

这时，前台突然通知他有访客。来的人是李媛，怀里抱着孩子，手里拎着个蛋糕。

"周老师，我找到全职工作了！"她递上一张名片——某科技公司的初级开发工程师。蛋糕盒上贴着一张便签："最好的转化，是让用户成为更好的自己。"周岩认出这是他们最新版本的开屏文案。此刻，这句话有了全新的意义。

夜深了，周岩独自留在办公室，电脑屏幕显示着最新数据：平台月活突破50万，职业转型成功率高达31%。他打开抽屉，取出那份三个月前的退费申请，轻轻放进碎纸机。

转化从来不是目的，而是价值传递的自然结果。这个认知，比任何数据都珍贵。

成功感悟

在"优学"的艰难转型历程中，周岩没有在低转化率的困境中沉沦，而是俯身倾听用户心底的诉求。当他以解决痛点为笔、重构产品为墨，书写价值篇章时，转化率奇迹般飞升。这深刻表明，一心为用户筑梦，转化率便是梦想绽放时最美的花火，终将照亮成功的征途。

第三章

厚积薄发：资源整合与筹备

花小钱办大事：8000启动金，手机"摄"出创业曙光

创业锦囊

在轻资产创业的赛道上，"花小钱办大事"不仅是生存智慧，更是制胜密码。创业者如同精打细算的巧匠，善用有限资源勾勒无限可能，通过MVP（最小可行产品）快速验证创意，用用户的真实反馈标注方向，将每一分钱都化作创新燃料。

这种"四两拨千斤"的经营哲学，让轻资产创业者既能轻装上阵、灵活应变，又能精准卡位、构筑竞争壁垒，在资源有限的条件下实现价值最大化，走出一条小成本撬动大未来的破局之路。

案例故事

王磊盯着手机银行App里显示的余额：8726.38元。这个数字像把刀子，把他开摄影工作室的梦想切得支离破碎。窗外的雨点噼里啪啦地打在"旺铺招租"的玻璃上，那间他看了三个月的小店面，明天就要被别人签走了。

"至少需要5万。"房东昨天的话还在耳边回响，"押二付一，不含装修。"王磊抓乱自己的头发，大学摄影比赛获奖的奖状从墙上掉下来，玻璃框裂了条缝，就像他此刻破碎的创业梦。

"叮咚"，微信弹出条消息。发小张强发来张照片：某网红咖啡馆的甜品照，配文"新买的镜头不错吧？"。王磊正要划走，突然瞪大眼睛——照片角落里有面镜子，反射出张强正用手机拍摄的画面。

"等等，"王磊猛地坐直，"用手机拍商业照片？"

这个疯狂的想法让他彻夜未眠。天亮时，他给常合作的模特小林发了条微信："今天有空当我的小白鼠吗？"

人民公园的荷花池边，小林看着王磊架起的"设备"直皱眉："你就用这个？"——一部手机、反光板是汽车遮阳挡、柔光箱是超市买的乳白色浴帘。

"相信我。"王磊把浴帘挂在树枝上，"待会儿请你吃火锅。"

三小时后，修完的照片让小林瞪圆了眼睛："这真是用手机拍的？"画面里，她穿着汉服站在"月光"下，实际上，那是王磊用外卖锡纸袋反射的阳光。

当晚，王磊做了个大胆的决定。他退了租房押金，用这笔钱在二手平台买了部成色不错的相机，剩下的钱全部投在了一个叫"手机摄影商业解决方案"的公众号上。首篇文章标题很直白：《如何用5000元设备接5万元的活儿》。

文章意外爆火，评论区炸出上百个同样预算紧张的小店主。王磊趁热打铁，推出"低成本商业摄影"服务，定价只有同行的三分之一，秘密就藏在服务条款里："需自备手机，提供场地改造方案。"

第一个客户是家新开的奶茶店。王磊用他们的智能手机，教店员用保鲜膜制造朦胧前景，用不锈钢托盘当反光板，最后用修图软件调出"ins风"色调。全套服务只收费800元，却帮店主省下了原本预算5000元的专业拍摄费。

"王老师，"奶茶店小妹递给他一杯免费饮品，"你能教我怎么拍产品短视频吗？"

这个请求点亮了王磊脑海里的灯泡。第二天，他的公众号新增了栏目：《零成本拍大片》系列教程。第三期视频里，他演示用电饭锅内胆当环形灯，播放量一夜破10万。

转机出现在一个深夜。某连锁烘焙品牌总监发信息给他："看了你的教程，有兴趣帮我们重新设计全国门店的拍摄标准吗？预算不高……"

"多高算不高？"王磊半开玩笑地回复。

"总价不超过两万，要覆盖200家门店。"

这种正常人都会拒绝的商单，王磊却通宵做了份方案：用总部的预算拍摄10家样板店，制作《门店自拍指南》和标准化滤镜，再培训区域督导当"摄影教练"。最终报价1.98万元。

三个月后，该品牌全国门店的社交媒体覆盖率从17%提升到89%，王磊收到品牌方寄来的感谢礼盒，里面除了新品糕点，还有张新合同：年度视觉顾问，服务费8万元。

如今，"轻量化商业摄影"已成为王磊公司的王牌业务。他依然保持低成本作风：办公室是共享工位，设备是租赁的，核心团队只有三人。但在客户案例墙上，挂着一线品牌的logo。

上周的行业峰会上，主持人问王磊成功的秘诀。他举起自己的手机："真正的专业不在工具，而在如何思考。"大屏幕随即播放了一段对比视频：左边是用10万元的设备拍的平庸照片，右边是用手机拍的但构图精巧的佳作，全场响起掌声。

会后，当初那间他租不起的店面业主找到他："现在能请你来拍招商画册了吗？"王磊笑着掏出手机："今天就能开工，用这个就行。"

在回家的地铁上，王磊给张强发了条消息："谢了，那张甜品照改变了我的命运。"对方回复三个问号。

雨又下了起来，王磊望着车窗上蜿蜒的水痕，想起那个只剩8000块的夜晚。有时候，限制反而是最好的礼物——它能逼你想出别人想不到的办法。真正的创业智慧，不是有多少钱办多大事，而是用四两拨动千斤。

 成功感悟

　　王磊怀揣梦想，却被资金狠狠束缚。但他没有被打倒，而是凭借对手机摄影的奇思妙想，巧用低成本道具拍出惊艳的作品。从公众号爆文到赢得一线品牌的合作，他用行动证明，创业成功不取决于资金多寡，善用资源、花小钱办大事，再小的投入也能绽放出绚烂的成功之花。

众人拾柴火焰高：大学生"智援"，奏响青松岭振兴曲

 创业锦囊

　　在创业旅程中，群策群力、寻求外部人员支援是突破困境、迈向成功的有力助推器。当自身资源、能力受限时，创业者应积极向外拓展，吸纳多元智慧，为项目注入新的活力。比如，向行业专家请教，获取宝贵经验，少走弯路；引入创新思维与专业人才，提升技术研发实力；寻求投资顾问建议，优化资金规划，保障资金链稳定。

　　外部支援不仅能带来资源，更能拓宽视野，在众人智慧碰撞中完善商业模式，精准把握市场，让创业项目在复杂多变的商业浪潮中乘风破浪，驶向成功彼岸。

 案例故事

　　老唐蹲在村委会门口的水泥台阶上，手里的烟已经烧到过滤嘴。他面前摊着乡里刚下发的文件——《关于青松岭村整体搬迁的通知》。夕阳把纸上的红色标题照得刺眼，就像他此刻发烫的眼眶。

　　"唐支书，真没辙了？"小卖部老王凑过来，身上的汗酸味混着

劣质烟草的气息。

老唐没吭声，把烟头碾灭在斑驳的台阶上。青松岭太穷了，穷到年轻人都不愿意回来。去年好不容易凑钱修的路，一场山洪就冲垮了半边。现在上面说要整村搬迁，可故土难离啊。

"叮铃铃——"老唐那台诺基亚突然响了。来电显示"林小满"，村里去年唯一考上大学的孩子。

"唐叔！我们学校有个助农项目！"林小满的声音透过劣质听筒传来，"可以让大学生来村里做社会实践！"

老唐刚要拒绝，突然听见电话那头七嘴八舌的声音："支书好！我们是农学院的！""我们艺术系能帮村里做宣传！""我是学电商的！"……

一周后，老唐在村口接到了这支"杂牌军"——12个大学生，拖着行李箱，像群叽叽喳喳的麻雀。为首的黑框眼镜男生握着他的手直晃："唐支书，我们是来解决问题的！"

老唐心里苦笑。这群城里孩子懂什么？问题？青松岭的问题能装满一火车皮！

当晚的村民大会上，大学生们支起投影仪。眼镜男生——农学院的张昊调出张土壤检测图："咱们村的土质特别适合种中药材！"艺术系的短发姑娘展示了她设计的包装："野山茶换个包装能卖三倍价！"林小满则打开一个网店页面："咱们可以在网上卖特产！"

台下响起稀稀拉拉的掌声。杀猪匠老李哼了声："种药材，谁买？网上卖货，谁会？"

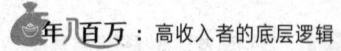

会议不欢而散。老唐送学生们去老祠堂打地铺时，发现他们居然连夜开了个小会，白墙上贴满了便利贴。

第二天天没亮，老唐就被敲门声惊醒。张昊顶着鸡窝头，手里攥着几株杂草："唐叔，后山的野生黄精品质绝了！"其他学生也陆续回来，有的捧着土壤样本，有的拿着手机拍摄的茶树照片，还有个戴耳钉的男生居然跟放羊的老王聊了一早晨。

七天后，情况开始变化。村里突然多了几块小菜园——大学生们用废旧轮胎当种植箱，示范有机种植；祠堂墙上出现大幅彩绘，画的是青松岭的传说；最让人惊讶的是，小卖部居然支起个"快递代收点"，老王成了村里第一个会手机支付的"时髦人"！

一个雨夜。老唐发现祠堂还亮着灯，推门看见学生们围着一台笔记本电脑，屏幕上显示着"青松岭故事"的公众号。耳钉男生——后来知道叫陈星，正在剪辑视频：镜头里八十岁的赵婆婆演示古法制茶，苍老的手和嫩绿的茶叶奇妙地和谐。

"这能有人看？"老唐忍不住问。

"已经3000播放量了。"林小满指着评论区，"有人问能不能买。"

一个月后，第一笔订单来了——上海某茶庄要25千克野山茶。紧接着是药材商的咨询，要预订明年的黄精。最让老唐吃惊的是乡长突然来访，指着手机上的视频问："这真是咱们青松岭？"

秋去冬来，青松岭发生了奇妙的变化：在外打工的年轻人陆续回来了五六个，跟着张昊视频学种植；赵婆婆的制茶视频播放量破了10

万，订单排到明年开春；连杀猪匠老李都学会了直播卖腊肉。

春节前，老唐带着新做的村牌去乡里开会。红绸布揭开，"青松岭生态农业合作社"几个字闪闪发亮。乡长握着老唐的手说："老唐啊，你们村这'星星之火'现在可是'燎原之势'了！"

回村的路上，老唐接到陈星的电话："唐叔，我们联系了省农科院，开春来免费技术指导！"背景音里传来其他学生的欢呼。

雪纷纷扬扬落下，老唐站在村口新修的文化墙前。墙上彩绘着大学生和村民劳作的场景，最醒目的是那句他们一起想出来的标语：

"一人拾柴火不旺，众人拾柴火焰高。"

远处，新建的电商服务站亮着灯，几个年轻人还在打包今天的订单。灯光透过玻璃窗，在雪地上投下温暖的光斑，像极了黑夜里的星火。老唐摸出手机，给林小满发了条语音："丫头，过年带同学们回来，咱杀年猪！"

💳 成功感悟

　　青松岭村在困境中幸得大学生这支"外援"。面对穷乡难题，众人各施所长，从发现商机到开拓销路，一步步燃起希望。这启示我们，创业路上，莫要单打独斗，主动寻求外部支援，群策群力，便能汇聚磅礴力量，攻克艰难，让梦想照进现实。

聚焦核心竞争力：从0.03到0.008的精度突围战

创业锦囊

创业战场没有中庸之地，唯有将核心竞争力锤炼至顶尖水平，方能立于不败之地。市场竞争本质是优势的较量，唯有聚焦单点，以破釜沉舟的决心将技术、服务或模式打磨到极致，才能撕开行业缺口。

顶尖水平意味着对细节的极致苛求，对创新的持续追求，对用户需求的精准把握。当核心优势超越行业标准，不仅能构筑起坚实的竞争壁垒，更能在用户心中建立无可替代的品牌认知，让对手难以追赶。这种聚焦与深耕，才是创业成功的制胜之道。

案例故事

李振锋把最后一个零件放进检测仪，屏幕上的数字让他的心沉了下去——公差0.03毫米，又超出标准。车间主任老马摘下眼镜，疲惫地揉了揉鼻梁："小李，这已经是这周第三次了。"

黄昏的光线透过工厂斑驳的窗户，照在那台老旧的数控机床上。

这是2018年的春天，李振锋在鑫辉机械厂做技术员的第五年。五年来，他每天重复着同样的程序：输入图纸数据，调试机器，检测成品。而今天，那台服役了十二年的机床再次给了他当头一棒。

"不是你的错。"老马叹了口气，"这老爷车早该淘汰了。但厂里情况你也知道……"

李振锋当然知道。这家曾经辉煌的老厂，如今靠着接些低端订单苟延残喘。上个月，他们又丢了个大客户——对方嫌他们的加工精度不够。

下班路上，李振锋绕道去了新开的工业园。透过某外资企业的玻璃幕墙，他看到一排排崭新的德国机床闪着冷光。保安拦住了想凑近看的他："技术保密，闲人免进。"

那天晚上，李振锋在租住的地下室辗转难眠。手机屏幕亮起，大学同学群里正在讨论某同学跳槽到某德企的消息，附带着令人咋舌的薪资数字。他放下手机，目光落在墙上的职业资格证书上——全是五年前考的。

第二天的晨会上，厂长宣布了个噩耗：又一家客户终止合作。"现在竞争太激烈了，"厂长抹了把脸，"人家精度能做到0.005毫米，我们连0.02都勉强。"

散会后，李振锋没回车间，而是钻进了厂里的资料室。在落满灰尘的书架上，他找到一本1998年的《精密加工技术》，扉页上还有当年厂里技术骨干的签名。翻到某一页时，一张泛黄的纸条飘了出来，上面潦草地写着："淬火工艺改良方案"。

"这是老厂长的字迹。"不知何时站在身后的老马说，"20年前，咱们厂的淬火技术在全国都数得着。"

"后来呢？"

"后来？"老马苦笑，"大家都忙着接单子，谁还研究这个？"

当天下午，李振锋做了一件让所有人意外的事——他向厂长申请成立技术研究小组。"不需要经费，"他递上一份手写计划书，"只要允许我们下班后用设备做实验。"

小组最初只有三个人：李振锋、快要退休的老马和刚毕业的技校生小王。他们从基础的淬火工艺开始，每晚工作到深夜。有次实验失败，报废的零件价值半个月工资，李振锋默默用积蓄付了钱。

某天深夜，李振锋尝试调整淬火温度曲线时，机床突然发出异常响动。就在小王要紧急停机时，老马拦住了他："等等！听这声音！"——那是他们从未听过的、近乎完美的切削声。

第二天，检测结果让所有人震惊：加工精度达到了0.008毫米！李振锋反复核对数据，最终在冷却液配比上找到了答案——他们复现了老厂长当年的秘方，还做了优化。

这个消息惊动了整个工厂。厂长亲自来看数据，当即拍板："就按这个标准，咱们去竞标科瑞集团的订单！"

科瑞是业内巨头，要求苛刻是出了名的。竞标当天，李振锋带着改良后的样品走进会议室，对面坐着科瑞的技术总监——一个眼神锐利的中年人。

"精度不错，"技术总监仔细检测后抬头，"但你们能保证量产稳定性吗？"

　　这个问题击中了鑫辉的软肋。他们的设备太老旧，无法确保每件产品都达标。在回厂的路上，车内一片死寂。

　　那天晚上，李振锋在车间待到凌晨。他抚摸着那台老机床，突然有了个疯狂的想法：如果无法更换设备，那就改造设备！他翻出大学时的机电一体化教材，开始设计改造方案。

　　说服厂长花了整整两周。厂长最终同意的理由很现实："反正这些设备迟早要报废，死马当活马医吧。"

　　改造过程像场噩梦。有一次电路短路，差点引发火灾；还有一次主轴改造失败，机床瘫痪了三天。最困难的时候，连小王都想放弃。但李振锋指着墙上贴的老照片——那是鑫辉在20世纪80年代获得国家质量奖的合影："咱们厂祖上阔过，不能折在咱们手里。"

　　六个月后，奇迹发生了。经过27次改造的旧机床，居然稳定输出了0.01毫米精度的零件！更惊人的是，他们的加工效率提升了40%。这个成绩引来了科瑞的二次考察，这次来的还有他们的德国专家。

　　"难以置信，"德国人检测完所有样品后说，"你们用20年前的设备，做出了接近现代机床的水平。"

　　订单像雪花般飞来。但李振锋没有停下，他带着团队继续攻克更难的课题——特种合金加工。为了学习最新技术，他自费报名了德国机床的线上课程，每天凌晨四点起床学习。有次为了弄明白一个参数，他给课程讲师发了20封邮件。

　　2020年，许多工厂陷入困境。鑫辉却逆势增长，因为他们攻克了

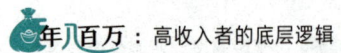

医疗设备精密零件的技术难关。在年终表彰会上，厂长宣布李振锋晋升为技术总监。台下掌声雷动，老马悄悄抹了把眼泪。

如今的鑫辉早已今非昔比。走进现代化新厂区，最显眼的位置挂着两样东西：一台被保存下来的旧机床，墙上写着他们的厂训：精于工，匠于心。

上周，德国机床厂商来谈合作时，对方技术总监认出了李振锋："你就是那个给我发20封邮件的中国人！"参观结束后，总监指着那台旧机床问："为什么还留着它？"

李振锋的回答让对方肃然起敬："它是我们的老师，教会我们最宝贵的一课——核心竞争力不在设备，而在人。"

窗外，新一代技术员正带着学员在车间实习。李振锋看着他们专注的背影，想起那个在老旧车间里熬夜的自己。真正的淬火，从来不只是钢铁的蜕变，更是人的蜕变。当你把一件事做到极致，它就会成为你的护城河，任谁也无法轻易跨越。

🗂 成功感悟

鑫辉机械厂的涅槃重生，是匠人精神最动人的注脚。李振锋和团队以执着为火、以钻研为刃，在老旧机床的轰鸣声中，反复打磨精度与工艺。他们用日复一日的坚守，将技术锤炼成核心竞争力。这份对极致的追求，正是匠人精神的体现，更是成功最坚实的基石。

精打细算降成本：五金厂的
降本增效突围战

在创业的征途上，控制成本不仅是生存的智慧，更是制胜的关键。每一笔资金都承载着创业的希望，将其用在刀刃上，才能实现价值最大化。

创业者要学会通过优化供应链、精简流程、采用性价比高的工具与服务，在保证质量的前提下削减成本。同时，善用数据精准分析，识别不必要的支出并及时止损。唯有将精打细算融入创业的每一个环节，才能在资源有限的情况下，积累竞争优势，稳步迈向成功。

案例故事

在繁华都市的商业浪潮中，有一家名为"宏达制造"的小型工厂，主要生产各类小型五金配件。工厂老板林总，是个白手起家的实干家，凭借着敏锐的市场洞察力和一股不服输的劲儿，将工厂从最初的小作坊发展到了具有一定规模的制造企业。然而，近年来，市场竞争愈发激烈，原材料价格不断上涨，人工成本也居高不下，利润空间

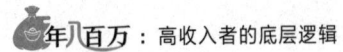

被严重挤压，工厂陷入了举步维艰的困境。

工厂的财务总监张琳，是个心思细腻、精打细算的人。她看着日益下滑的财务报表，心急如焚，决定主动出击，和林总一起探讨如何让工厂走出困境。

一天，张琳拿着一份详细的成本分析报告找到了林总。她指着报告上的数据说："林总，咱们现在原材料采购这一块成本太高了。就拿钢材来说，咱们一直是从固定的几家供应商那里采购，价格缺乏竞争力。而且，我们的采购量没有形成规模优势，议价能力很弱。"林总皱着眉头，若有所思地点了点头："你说得有道理，那你有什么具体的解决办法吗？"

张琳早有准备，她拿出自己整理的供应商资料说："我调查了周边几个城市的钢材市场，发现有几家新的供应商，他们的钢材质量不错，价格比我们现在的供应商要低10%左右。如果我们能和他们签订长期合作协议，承诺一定的采购量，价格还可以再谈。"林总眼睛一亮："这确实是个好办法，那你尽快和这几家供应商接触一下，争取把合作谈下来。"

在张琳的努力下，工厂与新的钢材供应商成功地签订了合作协议，原材料采购成本得到了有效控制。但张琳并没有满足于此，她把目光又投向了生产环节。

她发现工厂的生产流程存在很多不合理的地方，导致原材料浪费严重。比如，在冲压工序中，由于模具的精度不够，产品经常会出现尺寸偏差，只能作为废品处理。张琳决定对生产流程进行全面优化。

她首先组织生产部门的技术骨干，对模具进行了重新设计和调试，提高了模具的精度。同时，她在车间推行精益生产管理模式，对每一道工序都进行详细的成本分析，制定了严格的原材料消耗标准。在生产过程中，安排专人负责监督原材料的使用情况，一旦发现浪费现象，立即进行整改。

　　此外，张琳发现工厂的能源消耗也很大。车间里的机器设备经常处于空转状态，照明灯具也是全天候开启。她决定从节能降耗入手，进一步降低成本。

　　为了将这些措施落到实处，张琳亲自到车间进行监督检查。一开始，一些老员工对此颇有抵触情绪，认为这些措施过于苛刻，影响了他们的工作效率。张琳便耐心地和他们沟通，解释成本控制的重要性，以及这些措施对工厂未来发展的意义。渐渐地，员工们开始理解并配合起来。

　　经过几个月的努力，工厂的各项工作逐渐步入正轨。原材料采购成本降低了12%，生产过程中的原材料浪费现象大大减少，废品率从原来的8%降到了3%。能源消耗方面，电费支出下降了15%，水费支出也减少了10%。这些成本的降低，直接反映在了工厂的财务报表上，利润开始逐步回升。

　　然而，张琳并没有停下脚步。她深知，在激烈的市场竞争中，只有不断创新，才能保持优势。于是，她又将目光转向了产品研发和市场开拓。她提议，利用节省下来的成本，投入一部分资金用于新产品研发，提高产品的附加值。同时，她建议林总积极参加各类行业展

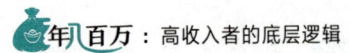

会，拓展销售渠道，提升品牌知名度。

林总对张琳的建议非常赞同，他感慨地说："张琳啊，你真是咱们工厂的'精打细算小能手'！要不是你，咱们工厂可能真的就要被市场淘汰了。"张琳笑着说："林总，这都是咱们大家共同努力的结果。我相信，只要咱们继续精打细算，不断创新，咱们工厂的未来一定会越来越好。"

慢慢地，宏达制造走出了困境。新产品研发取得了突破，成功打入了高端市场。订单量不断增加，工厂的规模也逐渐扩大。更重要的是，工厂形成了一套完善的成本控制体系，为未来的发展奠定了坚实的基础。

这个故事在业界传为佳话。人们都说，宏达制造的成功，得益于那位"精打细算"的财务总监，更得益于全体员工的共同努力。他们用自己的行动证明，即使在激烈的市场竞争中，只要肯动脑筋，精打细算，就大概率能够找到破局重生之路。

成功感悟

宏达制造的逆袭印证：精打细算不是锱铢必较的狭隘，而是破局重生的智慧。财务总监张琳以敏锐的洞察力，将每一分钱都化作破局的筹码。在创业路上，善用成本控制的巧劲，把有限资源炼成无限可能，便能在困境中凿出希望之光，让企业行稳致远。

风险评估与应对预案：一场供应链危机引发的破局方案

 创业锦囊

　　创业征程暗礁遍布，风险评估与应对预案是企业手中的"避险罗盘"与"应急工具箱"。精准的风险评估如同穿透迷雾的探照灯，帮助创业者预判市场震荡、供应链断裂等危机；而完备的应对预案，则是关键时刻的杠杆——无论是备用资金池、供应商B计划，还是技术替代方案，也许都能在风险突袭时四两拨千斤。唯有将风险防控嵌入企业基因，方能在惊涛骇浪中保持航向，把危机转化为破局的跳板。

 案例故事

　　盛夏的蝉鸣声中，华兴电子的会议室里气氛凝重。空调出风口涌动的凉意，却吹不散笼罩在管理层心头的阴云。这家专注于消费电子的中型企业，正面临着成立十五年来最严峻的挑战——核心芯片供应商的工厂突发火灾，生产线全面停摆，而华兴即将上市的旗舰产品，有八成关键部件依赖这家供应商。

　　"这已经不是简单的供应延迟，"采购总监李娜的手指重重地敲在评估报告上，"根据最新情报，供应商至少需要六个月才能恢复产能。我们的库存只够支撑四周。"她的声音在死寂的会议室里显得格外刺耳。

总经理周明的手指无意识摩挲着茶杯，釉面下的青花纹路仿佛暗藏玄机。作为从基层技术员一步步走来的掌舵人，他深知此刻每个决策都关乎企业生死。去年刚完成的智能化产线升级，让华兴的产能提升了40%，但与之对应的，是对供应链稳定性的更高要求。

"启动一级风险应急预案。"周明的声音沉稳有力，在会议桌上方激起涟漪。这个极少被触发的预案，是三年前风险管理部门主导构建的"韧性供应链"体系的核心。墙上电子屏随即切换成三维供应链地图，红、黄、蓝三色警示灯此起彼伏。

风险应对小组在凌晨三点成立。会议室的白板上，风险评估矩阵正在实时更新：

供应中断风险（红色）：概率85%，影响程度★★★★★

研发替代方案风险（橙色）：概率60%，影响程度★★★★

客户关系风险（黄色）：概率40%，影响程度★★★

财务流动性风险（蓝色）：概率20%，影响程度★★

"先确保量产机型。"周明用红笔圈住正在热销的X3系列，"库存还有多少？""成品库存3.2万台，关键部件库存仅够生产1.5万台。"生产总监报出的数字让所有人心头一紧。

凌晨五点，第一道指令发出：启动"影子供应商"计划。这个藏在财务系统深处的秘密武器，是风险管理团队历时两年构建的备份网络。当主流供应商出现危机时，这些经过严格审核的中小型供应商能迅速补位。

"但他们的产能和质量……"质量总监提出疑虑。

"这正是我们要闯的关。"周明指着屏幕上的数据流，"立即启动全检程序，质量团队24小时轮班，用自动化检测设备把不良品率压到0.5%以下。"

晨光出现时，首批替代芯片已经运抵实验室。与此同时，研发团队正在拆解备用方案：采用国产芯片替代进口型号。这个曾被束之高阁的"B计划"，因技术适配问题始终未启动。此刻，30多名工程师正围着测试台，将新芯片的引脚定义与原方案逐项比对。

"功耗超标12%，散热设计要重新做。"硬件组长揉着通红的眼睛报告。隔壁会议室里，工业设计团队已经铺开图纸，讨论如何在不改变外观的前提下增加散热孔。

最艰难的是与客户沟通。当销售总监带着新排期表走进大客户会议室时，空气几乎凝固。"我们理解贵司的难处，但市场不等人啊！"某渠道商代表敲着桌子。

"请看补充协议。"销售总监推过文件，"所有延迟交付的订单，我们承担物流加急费用，并提供下季度新品优先试用权。"这是预案中的"价值补偿包"，用未来收益对冲当前损失。

真正的考验在两周后到来。采用新芯片的样机在极端环境测试中突然死机，实验室里顿时炸开了锅。"是电源管理模块不兼容！"软件工程师的喊声让所有人后背发凉。离预定发货日只剩72小时。

"启动终极预案。"周明撕下墙上的应急预案手册最后一页，那是用防火材料特制的"生死状"——向母公司申请紧急技术支援。4

小时后，来自深圳总部的专家团队带着最新算法补丁空降实验室。当晨曦再次染红天际时，连续运行48小时的测试样机终于平稳通过所有关卡。

三个月后的财报会议上，财务总监宣布："通过快速响应和预案执行，我们成功将损失控制在年度预算的3%以内。更可喜的是，新开发的国产芯片方案使成本下降18%，X3系列销量反而较上年同期增长12%。"

周明望着窗外秋阳，想起那个不眠之夜电子屏上跳动的风险矩阵。那些闪烁的警示灯，终究化作了照亮前路的星光。他打开内部通信系统，给全体员工发了条消息："风险永远存在，但预案让我们比风险更快一步。"

成功感悟

在商海的惊涛骇浪中，华兴电子用行动诠释：企业真正的生命力，藏在未雨绸缪的智慧里。那些精心绘制的风险矩阵、反复打磨的应急预案，是暗夜中的北斗，是风暴里的锚点。当危机骤然降临，正是这些"未雨绸缪"，将困局化作转机，引领企业驶向更辽阔的海域。

第四章

积极借势：紧跟时代的风向

要有发展的眼光：传统裁缝铺的时代转型记

 创业锦囊

在创业领域，传统手艺若想不被时代浪潮淹没，发展的眼光是破局的关键。故步自封于老工艺、老模式，终究会因与市场脱节而陷入困境。

唯有主动拥抱变化，敏锐捕捉消费需求的迭代趋势，将现代科技、流行文化与传统技艺深度融合，在保留匠心内核的同时进行技术革新、模式创新，才能让古老的手艺焕发新生。唯有以开放姿态持续创新，传统手艺才能在新时代找到立足之地，实现长远发展。

 案例故事

老张的裁缝铺在老城区巷尾，玻璃橱窗积着经年的灰尘。他总爱说："这橱窗像一面魔镜，照得见过去，也映得出将来。"

去年冬天，裁缝铺对面开了家网红奶茶店，排队的年轻人能堵半条巷子。老张望着自家冷清的店面，把缝纫机踩得更响了。老伴劝他改行："现在谁还做衣裳？"老张却把老花镜往鼻梁上推了推："你看奶茶店那些小姑娘，外套起球都不舍得换新的。"

立春那天，老张在批发市场发现了新大陆——堆成山的库存羊毛呢料，价格比往年低三成。"现在服装厂都转线上了，实体店进货少。"摊主叼着烟说。老张却想起奶茶店里姑娘们冻得发红的手指，摸出存折全买了。

"您这是要开布庄？"老伴看着他往店里搬布料，急得直跺脚。老张神秘兮兮地擦着橱窗："我要给这巷子添点儿颜色。"

第一缕春风拂过时，老张的橱窗变成了展示柜。深灰色、驼色、酒红色的羊毛呢料叠成波浪，衬着暖黄射灯，像打翻的调色盘。他特意在布料旁放了块牌匾："量身定做，三天交货。"

奶茶店的小妹午休时总爱在橱窗前转悠。有一天，她终于鼓起勇气："张师傅，这能改成大衣吗？"老张抽出皮尺："姑娘身段好，做个收腰款，显腿长。"

清明时节雨纷纷，老张的裁缝铺却门庭若市。他新推出的"旧衣改造"服务成了爆款——把过时羽绒服改成马甲，把褪色毛呢裙改成托特包。排队的顾客里，既有节省惯了的阿婆，也有追求个性的学生。

"张师傅真神了！"穿汉服的姑娘举着改过的斗篷，"这刺绣比新买的还精致！"老张擦擦额头的汗："当年在绣厂学的苏绣手艺，总算派上了用场。"

夏至蝉鸣时，老张的橱窗又换了新主题。这次挂的是亲子装样衣，纯棉布料上印着卡通图案，价格比商场便宜一半。他特意在奶茶

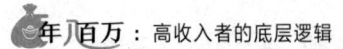

店放了宣传单，买奶茶送五元裁缝券。

"张师傅太会做生意了！"奶茶店老板叼着吸管感叹。老张却指着对面新开的早教中心："看见那些家长没？他们要的是实惠又体面的亲子装。"

中秋月圆夜，老张的裁缝铺亮如白昼。他新装的LED灯带把橱窗照得透亮，模特身上穿着改良旗袍，腰间绣着玉兔祥云。"现在年轻人喜欢国潮，"老张给顾客量尺寸，"这纹样我申请了专利。"

老伴在里屋打包快递，最近网上订单越来越多。"老张啊，你当初怎么想到买那些库存布的？"老张望着橱窗外的月亮："你看那月亮，缺的时候在积蓄光，圆的时候自然亮。"

冬至那天，老张的裁缝铺上了本地热搜。原来有位博主拍了他改造旧婚纱的视频，点击量过百万。视频里，泛黄头纱被改成时尚手包，拖尾纱裙变成蓬蓬裙，评论区全是"求链接"。

老张开始关起门来教徒弟。三个下岗女工坐在缝纫机前，学着他的样子在废布料上画线。"记住，针脚要密，线要直，这布料虽旧……"他突然顿住，想起三十年前师傅教他时的场景。

除夕夜的鞭炮声里，老张把新做的账本放进铁皮盒。除去给徒弟们发的工资，竟还攒下8万块。他翻开泛黄的旧账本，第一页写着"1998年，购二手缝纫机1台，价格80元"。

"叮"的一声，手机弹出新消息，原来是奶茶店加盟总部发来的合作邀请，想请他设计员工制服。"传统手艺结合现代审美，"对方写道，"期待碰撞出新的火花。"

元宵节的灯笼映红了巷子。老张的橱窗里，模特穿着新式唐装，袖口绣着奶茶杯图案。徒弟们正在直播，展示如何把旧牛仔改成背包。

惊蛰那天，老张的裁缝铺挂牌"传统工艺传承基地"。社区请他去给待业青年培训，教他们如何在旧物里发现新价值。老张站在讲台上，身后PPT放着当年改造旧婚纱的视频。

"同学们记住，"老张敲着黑板，"裁缝剪的不是布，是时光。我们要做的，就是给时光穿新衣。"窗外春风拂过，带来奶茶店的焦糖香，混着布料的新旧气息，在教室里酿出希望的味道。

暮色渐浓时，老张锁上店铺。橱窗里的模特静静地站着，身上的唐装在路灯下泛着柔光。他忽然明白，人生这匹布上，要用发展的眼光，才能裁出合身的衣裳。

成功感悟

　　老张裁缝铺的传奇，正是新思维的胜利。当传统裁缝手艺遇冷时，他没有困守老手艺，而是从奶茶店的热闹中看见商机，在库存布料中找到灵感。这告诉我们：人生没有固定剧本，敢于跳出舒适圈，拥抱变化、大胆创新，才能把看似黯淡的困境，裁剪成闪闪发光的新可能。

补充新能量：当老茶楼学会
跳科技芭蕾

当时代的浪潮奔涌而来，科技恰似一汪活水，能让传统企业在坚守初心的同时迸发新活力。科技赋能不是颠覆传统，而是为其注入精准洞察市场的"慧眼"、提升效率的"巧手"、连接年轻一代的"桥梁"。

从智能设备重构服务场景，到数据资产挖掘深层价值，再到数字技术活化文化基因，每一次与科技的拥抱，都是企业突破时空局限的蜕变。当传统底蕴与科技动能共振，企业便能在时代的坐标系中找准新定位。

 **案例故事**

清晨五点的岭南老城还未苏醒，百年茶楼"春风阁"的雕花木窗已氤氲出暖黄的灯光。铜壶嘴喷出的热气裹挟着茉莉香片特有的清香，在青砖墙上投下斑驳光影。这是林氏茶楼的新掌门人林若初接手生意的第二年，她望着账本上持续下滑的流水，耳畔忽然响起父亲临终前的叮嘱："茶楼活着，林家的根才在。"

　　这座始建于光绪年间的茶楼承载着太多记忆。朱漆斑驳的八仙桌记录着商贾洽谈的运筹帷幄，褪色的木屏风见证过多少代人的喜忧悲欢。可当星巴克绿和瑞幸蓝席卷全城，当"00后"更习惯在手机点单，这座需要踮脚跨过十厘米门槛的老茶楼，正在被时代抛在风中。

　　"不能再这样下去了。"林若初的手指抚过裂了釉的茶壶，壶身残留的余温像某种古老的承诺。她翻出压箱底的林氏茶谱，泛黄纸页间忽然飘落半张残页，是祖父用钢笔补写的注脚："茶者，活物也，当以活水烹之。"这句话像闪电劈开迷雾，她猛然想起去年在苏州看见的智能化茶吧——如果让百年茶艺与现代科技碰撞呢？

　　三个月后，茶楼闭门谢客。街坊们透过蒙尘的玻璃，看见老匠人们将酸枝木桌椅搬进后院，取而代之的是戴着安全帽的工程师在安装银色管线。当"春风阁能量补给站"的霓虹灯牌在暮色中亮起时，整条街都惊动了。

　　玻璃幕墙后，六台全自动冲茶机器人正在芭蕾般舞动机械臂。顾客只要在电子屏选择"晨露茉莉"或"岩骨大红袍"，扫码后就能看到茶叶在透明管道中翻滚舒展，精准控温的热水如瀑布注入杯中。更神奇的是每个卡座都嵌着能量感应装置，茶杯放置的瞬间就能生成专属茶单，记录客人的口感偏好。

　　"这不是茶楼，是科技馆吧？"首日体验的网红博主举着直播杆惊呼。镜头扫过角落的古董茶罐，那些曾蒙尘的锡罐如今变成智能储茶柜，LED屏实时显示温湿度。最引人注目的是中央的"能量树"——由老茶具熔铸成的金属雕塑，每当有顾客完成茶单分享，枝

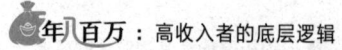
头的LED茶芽就会亮起。

真正的转变发生在开业第三周。某天下班高峰，西装革履的白领突然拥入茶楼。原来林若初团队研发的"能量补给套餐"在写字楼间口碑炸裂：买茶饮送15分钟肩颈按摩，智能座椅自动扫描疲劳指数，AR屏风还能投射减压动画。当程序员小张喝着定制版的冷萃普洱，感觉后背按摩椅传来的震动波正把代码里的bug都震碎时，他默默续了月卡。

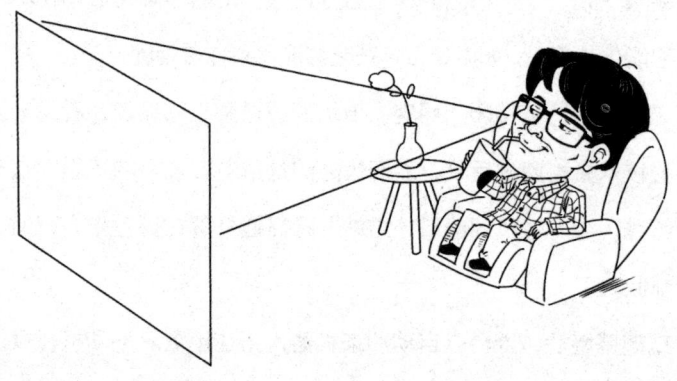

但真正的考验在雨季来临。持续暴雨导致街道积水，茶楼地下室的智能设备面临进水风险。林若初带着员工用沙袋筑起防线，却发现最老的檀木茶案在潮湿中开裂。那个深夜，她抚摸着茶案上的裂痕，忽然想起祖父补写的《茶经》。晨光熹微时，她做出决定：保留所有老家具的残片，将其转化为艺术装置。

"伤痕是最美的年轮。"在特别策划的"时间能量展"上，开裂的檀木变成悬浮艺术画，发霉的账本数字被投影成流动星河，就连褪色的屏风也在数字修复下重现当年茶客风貌。这场展览让茶楼登上同城热搜榜首，还带来了意外发现——那些被扫描的老账本里，竟藏着清代茶马古道的运输密码。

如今走进春风阁，能看到穿汉服的茶艺师在操作全息投影讲解茶道，退休的老茶客与新来的程序员在能量共享区交流着紫砂壶与元宇宙。林若初常站在露台的观景窗前往下看，玻璃地面下嵌着历代茶楼的微缩模型，最上层正在发光的，是属于这个时代的能量层。

当城市入夜，茶楼外的霓虹与河面的倒影连成光带。林若初翻开重新装裱的《茶经》残页，在"当以活水烹之"后面补上新的注脚："活水者，时代也。"铜壶在智能茶案上轻声喻鸣，仿佛百年前的茶香正穿越时空，与未来的能量在此刻相遇。

成功感悟

　　百年茶楼的重生，是科技与匠心共舞的赞歌。当智能机械臂捧起古老的茶罐，当AR光影点亮褪色的屏风，科技不再是冰冷的代码，而是托举传统腾飞的翅膀。这告诉我们：只要以开放之心拥抱科技，用创新激活传承，再古老的故事也能煮出滚烫的新意。

经济寒冬里找生机：把空置率折成创业者的取暖舱

💰 创业锦囊

　　经济寒冬从不是创业的绝境，而是检验智慧的试金石，真正的创业者懂得在冰冷的数据中捕捉温暖的需求。

　　寒冬里的生机，藏在对"确定性刚需"的深度洞察里：越是环境严苛，越需要聚焦"雪中送炭"的价值——为中小微企业压缩成本，为创业者提供庇护所，本质上是在不确定性中搭建确定性的桥梁。创业智慧的核心，从不是规避寒冬，而是学会在风雪中点燃火种，把行业的"冷"转化为创新的"热"，让每一次危机都能成为重构商业价值的契机。

¥ 案例故事

　　沈知微把最后一份裁员名单塞进碎纸机，纸屑像初冬的雪花飘落在深蓝色的地毯上。窗外，陆家嘴金融城的霓虹灯在雨幕中被晕染成模糊的光斑，像极了三年前公司上市那夜的烟火。

　　"市场部的预算砍掉40%，研发部……"他在晨会上说不下去，喉结滚动着咽下苦涩。台下那30张苍白的脸，其中7张属于今天被裁的同事。

深夜的共享办公空间里，沈知微把行业报告铺满整个长桌。咖啡杯底凝结着褐色的年轮，记录着他通宵达旦的轨迹。当翻到"中小企业办公成本"那页时，某个数字突然刺破迷雾：上海写字楼空置率突破25%，租金同比下降38%。

他点开物业中介的朋友圈，照片里整层办公楼挂着"吉房出租"的红幅，价格后面跟着四个零。"这不是危局，是重构的机会。"他在笔记本上写下这句话时，手肘压翻了冷掉的咖啡。

"我们要做办公空间的拼多多。"沈知微在临时租用的会议室里画出商业模型，"把闲置的写字楼改造成共享办公舱，按月出租给初创团队。"

投资人把咖啡杯往桌上重重一放："现在谁还有钱创业？"

"寒潮冻死的是裸泳者。"沈知微点开手机里的调研数据，"过去三个月，个人独资企业和个体工商户注册量逆势增长12%。他们需要的是性价比，不是奢华。"

第一个改造项目在浦东一栋烂尾楼里落地。沈知微带着工程队施工时，总能听见机器在寂静中发出的嗡鸣。他把原本300平方米的办公区切割成24个独立舱位，每个舱位配备可折叠桌椅和智能储物柜。

"这哪是办公室，分明是胶囊公寓。"设计师抱怨道。

"我们要的就是这种极致压缩成本的结构。"沈知微指着报价单，"传统写字楼每平方米日租8元，我们要做到2.5元还有30%毛利。"

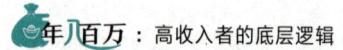

　　开业当天，暴雨来得毫无征兆。沈知微站在大堂看着积水从玻璃幕墙渗进来，突然听见电梯间传来行李箱拖动的声响。三个浑身湿透的年轻人拖着设备箱走来："请问还有舱位吗？"他们的公司刚拿到天使轮，正在找落脚地。"传统孵化器要押三付六，你们这里月付还免押金。"创始人擦着脸上的雨水，"简直就是救命稻草。"

　　三个月后，当沈知微在舱位间巡视时，总能听见此起彼伏的键盘敲击声。某个舱位的白板上写着"A轮融资ing"，隔壁的玻璃上贴着"连续加班第48天"的便签。他想起大学时在网吧包夜写代码的日子，与那种混杂着焦虑与希望的气息一模一样。

　　某个雾蒙蒙的清晨，沈知微打开邮箱，看见某知名创投机构的投资意向书。对方在邮件里写："你们抓住了中小企业过冬的刚需。"

　　"经济寒冬里，真正的机会主义者不是投机者，而是价值创造者。"他在日记本上写下这句话，突然听见远处传来地铁进站的轰鸣。那声音像穿越时空的约定，提醒着他永远记得那个雨夜，在碎纸机前萌生的火种。

成功感悟

　　当行业被冰雪覆盖，沈知微没有蜷缩取暖，而是从空置率中挖掘出希望的矿脉，用共享舱为创业者筑起取暖舱。最冷的寒冬里，总是藏着最暖的刚需——破冰的勇气、洞察的慧眼，把危机化作重构价值的契机，让每个坚守者都能在冰原上点燃属于自己的创业之火。

第五章

做好自我管理，把事情做到极致

提升自身能力：职场小白蜕变为技术先锋

 创业锦囊

在创业领域，优化自身能力是创业者持续打磨核心竞争力的"成长引擎"。它不仅指专业技能的精进，更包括思维模式的迭代、认知边界的突破以及抗压能力的锻造。

持续优化能力的过程会形成"成长型思维惯性"——当遭遇未知挑战时，创业者不会被困在"我不会"的焦虑里，而是本能地启动"如何学会"的探索模式。这种思维本身就是应对不确定性的终极竞争力，能让创业者在瞬息万变的市场环境中始终保持"不可替代性"。

 案例故事

林夏站在演讲台上，聚光灯齐齐照在她身上。台下坐着五百多位行业精英，而她手里攥着的演讲稿已经被汗水浸湿。这是国际人工智能峰会的压轴演讲，而她——一个三年前还躲在实验室不敢接电话的科研员，此刻正代表公司宣布突破性成果。

"女士们，先生们，今天我要介绍的是多模态认知学习系统的最新突破……"她的声音在会场里清晰地回荡着，完全看不出这是她第一次在这么大型的场合演讲。

2019年的林夏完全不是这样。那时她刚博士毕业，以优秀的成绩加入国内顶尖的AI研究院。入职第一天，组长扔给她一份代码："把这算法优化一下，下周组会汇报。"她熬了五个通宵，却在汇报时被问得哑口无言。散会后，她在洗手间隔间里咬着拳头哭，手机屏幕亮着母亲发来的消息："闺女，给妈讲讲你做的那个智能啥的。"

那天晚上，林夏在实验室通宵列了张表格。左边是院里顶尖研究员的技能树，右边是自己惨淡的能力值：算法设计65分，工程实现70分，学术表达……她犹豫半天写下40分。表格最下方用红笔标注："六个月追赶计划"。

第一关是英语。当发现所有前沿论文都是英文时，她给自己制订了一个"变态"计划：每天精读三篇论文，每周复述一篇给实验室打扫卫生的阿姨听。"姑娘，你今天讲的这个'机哭学习'……"阿姨一边拖地一边说，"是不是能让洗衣机更聪明？"林夏愣了下，突然明白如何把艰深的理论转化成生活语言。

第二关是编码。一天，她偶然看到清洁工用铁丝勾出卡在缝隙里的钥匙，瞬间联想到算法优化。从此，她养成了一个怪癖：每天观察不同职业人员的工作方式，把快递员分拣包裹的动线画成流程图，将厨师调味的手法抽象成参数调整模型。半年后，她的代码效率提升了300%。

但真正的转折在2020年春天。院里接到一个紧急项目，开发疫情预测系统。原定负责人突然被隔离，院长环顾会议室："小林，你

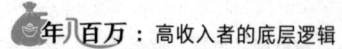

上。"那两周她几乎住在机房，第七天凌晨系统崩溃时，她发现自己竟能流畅地用英语和硅谷工程师远程调试。项目成功后，外国专家惊讶地问："你在哪里留的学？"

2021年，林夏开始有意识地突破舒适区。她报名了毫无经验的计算机视觉竞赛，连续三个月每天只睡四小时。决赛那天，她的模型因为过度优化反而失利。在回酒店的出租车上，司机突然说："姑娘，我儿子曾说失败是数据不是结局。"这句话让她在回程的航班上重构了整个算法框架，后来成了她第一个专利的核心思想。

去年冬天，林夏被派往纽约学习交流。第一天她就故意上错地铁，强迫自己用蹩脚的口语问路。有一次在咖啡店，她鼓起勇气加入陌生技术团队的讨论，结果发现对方竟是自己在论文里经常引用的"大牛"。那天她获得的启发，直接催生了今天要发布的成果。

"这个系统最特别的是模仿了人类婴儿的学习方式。"林夏点击遥控器，大屏幕出现她三岁侄女玩积木的视频，"当传统AI还在大数据里打转时，我们让机器学会了'顿悟'。"会场响起一阵惊叹声。

演讲结束后的酒会上，市场总监兴奋地告诉她，产品还没发布就已经收到了订单。

回酒店的车上，林夏翻开手机相册。2019年的自拍照里，她戴着厚眼镜，头发乱蓬蓬的；2020年项目庆功宴上，她僵硬地站在最边上；2021年第一次国际会议，她躲在海报展板后面……最新一张是今天演讲时朋友抓拍的，照片里的她手势舒展，眼神坚定。

这时，母亲发来视频请求，屏幕那头挤满亲戚："我们家的科学家上电视啦！"小侄女举着画满歪扭机器人的画纸："姑姑，我以后

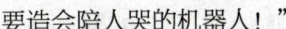

要造会陪人哭的机器人！"

　　林夏望着窗外纽约的霓虹，想起今早路过中央公园时看到的场景：一只蝴蝶正奋力破茧。当时导游对游客说："如果帮助它提前破茧，翅膀反而会失去力量。"她现在终于明白，那些曾让她夜不能寐的困境，都是生命馈赠的修炼场。

 成功感悟

　　林夏从刚参加工作汇报时的哽咽到国际峰会的从容，靠的是直面能力短板的勇气。她把日常观察转化为算法灵感，在项目危机中逼出潜能，连失败都成了优化的"数据"。提升能力从不是空谈，而是像蝴蝶破茧般，在每一次主动跳出舒适区的阵痛中，悄悄积蓄力量。

强化时间管理：把24小时切成发光的碎片

在创业的赛道上，时间是最稀缺的资源，也是最锋利的武器。创业者既要把控战略方向，又要处理琐碎事务，若缺乏高效的时间管理，极易陷入无序与焦虑。强化时间管理，需像切割钻石般精准划分任务，运用四象限法则区分优先级，以"时间阻塞术"锁定专注时段，将零散时间拼接成价值链条。

更重要的是，要赋予时间意义，将每个时间段与目标深度绑定，让有限的精力持续为核心业务赋能。

案例故事

赵辉的腕表指针永远比北京时间快五分钟，这是他在实习时养成的习惯。彼时的他总踩着最后一秒打卡，工位键盘上凝结着咖啡渍，excel报表里的数据像纠缠的量子态般混乱。直到那个改变命运的深夜——他抱着发烫的笔记本电脑冲进便利店买红牛，撞见了玻璃映出的自己：眼下青黑，领带歪斜，活像从皱缩的时空里掉出来的落魄旅人。

"时间不是用来追赶的，而是要驯服的。"便利店收银台后传来沙哑的笑声。赵辉转头看见一位白发苍苍的老人正在整理货架上的即期便当，工牌上刻着"时间管理顾问"的字样。老人递来温热的关东煮："试试把24小时切成30分钟的小块，像切三文鱼刺身那样。"

赵辉将信将疑地翻开老人送的《时间心理学》，扉页上印着沙漏图案，沙粒在月光下泛着奇异的荧光。他开始用四象限法则划分任务，把番茄钟设置成深海蓝鲸的鸣叫。第一周尝试时，他像走钢丝的初学者般摇晃——晨间日记只写了三行就搁浅，专注工作15分钟后总想刷新股票行情。

一个周末，台风过境，整座城市在暴雨中停摆。赵辉被困在公寓，望着窗外折断的梧桐枝发怔。他忽然想起老人说的"时间锚点"，翻出

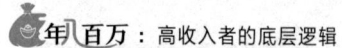

落灰的素描本，开始临摹莫奈的《睡莲》。当第七朵莲花在铅笔尖绽放时，他听见玄关传来智能门锁的提示音——外卖小哥送来他三天前预订的时间管理手账本。

手账本的皮质封面浸着檀香，内页夹着干花标本。赵辉开始用五色笔法标记时间流：红色是紧急任务，蓝色是创意时间，绿色是学习区块，黄色是社交投入，黑色是自我反思。他惊讶地发现，当每个30分钟都被赋予色彩后，那些曾让他焦虑的碎片时间竟能拼出完整的拼图。

转机出现在年底的并购案上。作为项目组成员，赵辉需要同步处理尽职调查、法律文件翻译和客户答疑。他运用新学的"时间阻塞术"，将邮箱设为每天三次定点查收，工作中用降噪耳机隔离干扰源。某次通宵会议间隙，他甚至在消防通道里完成了晨间瑜伽——这是他从手账本附录的《高效能人士的108个微习惯》中学来的。

"你以前像一台过载的服务器，"总监在庆功宴上举着香槟，"现在简直是量子计算机。"赵辉望着杯中晃动的气泡，想起上周去便利店还书时，老人正在教小学生用沙漏烤松饼："看，当沙子流完时，饼干刚好金黄。"玻璃橱窗映出他的侧影，领带结端正如等腰三角形，眼底的瘀青被充足的睡眠抚平。

如今赵辉的办公桌摆着两件宝物：一件是滴漏速度可调的智能沙漏，另一件是老人手写的箴言卷轴——"时间不是容器，是流动的雕塑"。他开始在团队中推广"时间晶体"概念，教实习生用柳比歇夫时间记录法。某天加班后，他看见新来的实习生在茶水间用便利贴拼贴时间轴，那些五颜六色的纸片在空调风中轻轻颤动，像极了老人便利店里的荧光沙粒。

春末的黄昏，赵辉带着方案路过便利店，老人正在教放学的小学生用怀表种植多肉植物："注意秒针的节奏，浇水要跟着心跳来。"孩子们的笑声惊飞了檐下的家燕，赵辉驻足望着橱窗里新挂的《时间心理学》修订版，封面沙漏旁多了一行小字："真正的永恒，存在于精准计算的刹那。"

他摸出手机，在日程应用的空白页写下新条目："每周三晚7至8点，便利店时间哲学课。"窗外暮色渐浓，城市霓虹次第亮起，像无数正在流淌的时间晶体。赵辉忽然明白，那些被驯服的时间沙粒，终将在生命长河中凝结成璀璨的珍珠。

成功感悟

赵辉的蜕变印证：时间从不是束缚我们的枷锁，而是等待雕琢的璞玉。当我们学会将24小时切割成专注的片段，以锚点对抗焦虑，就能把混乱的时光编织成有序的成长图谱。时间管理的真谛，是在分秒间种下自律的种子，最终收获璀璨的人生华章。

复盘与调整：用户之声里的迭代密钥

案例故事

　　沈瑶的指尖在触控屏上划出凌乱的轨迹，会议室里的空气凝滞得能滴出水。她望着投影幕布上猩红的"用户留存率下降42%"，喉间泛起苦涩的咖啡味——这是她通宵准备的季度复盘报告。

　　"三个月前你们承诺的算法优化呢？"市场总监的钢笔敲击桌面，"现在活跃用户连竞品的一半都不到。"

凌晨三点的办公室，沈瑶点开第27个用户访谈录音。当听到"用App像解数学题一样"的抱怨时，她突然扯下贴在电脑上的"技术至上"便签。晨光中，她重新绘制用户画像，这次不是冰冷的数据标签，而是带着温度的"新手妈妈""银发族""职场小白"。

"我们需要沉浸式体验。"在第二次复盘会上，沈瑶调出模拟用户动线的视频。画面里，程序员扮演的"宝妈"正抱着婴儿模型，单手操作App界面。

版本迭代前的第48小时，沈瑶带着团队驻扎在用户家里。他们观察主妇做饭时单手划屏幕的习惯，记录老人老花眼需要的字体大小，甚至发现职场人常在地铁上处理待办事项。

"把交互逻辑从功能导向转为场景导向。"在咖啡馆里，她边改原型图边啃三明治。设计师小吴突然指着窗外："看那个等公交的姑娘，她反复点亮手机看时间——我们的提醒功能能不能更直观？"

新版本上线的那天，沈瑶的焦虑程度达到顶峰。她刷新后台数据的手抖得像筛糠，直到看见用户留存率曲线开始上扬。更让她惊喜的是，自然增长率比预期高出18个百分点。

庆功会上，市场总监举着香槟："说说你们的魔法。"

沈瑶举起贴满便签的白板："这不是魔法，是显微镜。"她指向其中一张便签，"当宝妈说'像解数学题'，我们听见了产品复杂度超标；当银发族反复问'怎么返回'，我们发现字体需要放大两号。"

散场时，CEO叫住她："听说你拒绝了猎头的高薪邀约？"

沈瑶望着走廊尽头的阳光，想起第一次复盘时，他们曾把用户痛点写成纸条贴在"问题树"上。现在那棵树已经枝繁叶茂，每片叶子上都写着解决方案。

"我在这儿能创造更大的价值。"她笑着说，"而且，没人比我和我的团队更懂怎么让产品进化。"

深夜的办公室，沈瑶锁上最后一个抽屉。她瞥见白板上新增的便签："警惕数据陷阱""保持用户同理心""定期自我迭代"。窗外的城市灯火如星海，她忽然想起大学时在实验室养的水晶虾——那些半透明的小生物每蜕一次壳，就会长大一些。

手机震动，是用户发来的新反馈："现在操作像呼吸一样自然。"她轻轻按灭屏幕，听见走廊传来保安锁门的声响。在这座永远不眠的钢筋森林里，她和她的团队正用复盘与调整，构建着属于他们的进化论。

成功感悟

沈瑶和团队以复盘为镜，照见数据背后的真实需求；以调整为桨，划向用户体验的深水区。每一次推翻重来，都是破茧的阵痛；每一处细节优化，都是进化的勋章。创业没有一蹴而就的魔法，只要直面问题、持续迭代地成长，平凡的坚持终将绽放出非凡的光芒。

第六章

做好风险管理：保证

资金安全

放弃沉没成本：从项目终止协议到B轮融资

沉没成本是指已经发生且不可收回的投入，如资金、时间与人力。面对项目困境时，创业者容易陷入"协和谬误"，因不愿承认前期投入徒劳而持续追加资源，最终导致损失扩大。

理性决策要求创业者建立清晰的成本—收益分析框架，区分沉没成本与可变成本，以未来收益预期为核心判断标准。当边际成本高于边际收益，或机会成本显著大于当前项目潜在价值时，果断止损是必要的战略选择。

¥ **案例故事**

周瑾的钢笔尖在《项目终止评估报告》上洇出墨点。她望着窗外被晚霞染红的CBD楼群，想起两年前那个阳光明媚的上午——投资人将支票推过桌面时，水晶镇纸折射出彩虹般的光晕。

"教育OMO模式是下一个风口。"当时的市场总监激情澎湃，"我们要用科技重构学习场景。"

现在，她点开财务报表，亏损栏的数字像不断下坠的电梯：-320万、-480万、-610万。会议室里，技术总监还在演示优化方案："只要再投入200万升级算法……"

深夜的办公室只剩自动咖啡机发出的嗡鸣声。周瑾把项目全周期文档打包发送给自己，在邮件标题栏输入"墓志铭"三个字。她想起上个月在硅谷参加的行业峰会，某个教育科技创始人的话突然刺破记忆："当沉没成本超过机会成本，每个新增投入都在制造新坟墓。"

手机震动，是母亲发来的体检报告。甲状腺结节的字样让她想起抽屉里那盒没拆的瑜伽垫——总想着项目上了轨道就去锻炼，转眼两年过去了。

晨会上，周瑾把评估报告投影在幕布上。"项目终止"四个黑体字像四道裂缝。

"你疯了？"投资人摔门而出前留下这句话。财务总监的钢笔在桌面上画出凌乱的轨迹："账面还剩800万现金，够撑半年。"

"但机会成本呢？"周瑾点开竞品分析图，"这半年，够对手完成三次产品迭代。我们的技术债已经像在滚雪球。"

复盘会从下午持续到深夜。当技术团队演示代码仓库的腐化度时，实习生突然举手："其实三个月前用户调研就显示，教师更想要的是课程管理而不是智能推荐。"

这句话像一把神奇的钥匙打开了生锈的锁。周瑾想起被忽略的200份教师问卷，那些用红色标注的"不需要""太复杂"像未引爆的地雷。

终止协议签署那天，春雨突然倾盆而下。周瑾望着落地窗上蜿蜒的水痕，想起投资人最后那句话："你会后悔的。"

但她更记得财务模型里的那个交叉点——如果继续投入，亏损将在第八个月突破千万。而转向新赛道，现有技术团队能保留60%战斗力。

新办公室在创客空间顶层。周瑾把旧项目的代码光盘封进铁盒，贴上"沉没成本博物馆"的标签。她望着团队用乐高搭建的产品原型，阳光透过天窗落在他们年轻的脸上。

"我们要做教育领域的乐高。"她在白板上画出三个圆圈，"简单、模块化、用户共创。"

三个月后，当首款MVP产品上线时，周瑾的焦虑情绪意外痊愈。她不再半夜惊醒查看服务器负载，而是带着团队做用户家访。在某个孤独症儿童家里，当孩子用他们的App拼出第一幅完整的图画时，家长哭了。

"这比任何日活跃用户数量增长都真实。"周瑾在晨会上说，投影仪映出后台截图：用户日均使用时长是旧项目的三倍。

年终酒会上，原投资人举着香槟走来："听说你们在谈B轮融资？"周瑾晃了晃手机，屏幕上显示着新办公室的平面图。"这次，我们要用乐高搭建整个教育生态。"她看见投资人的目光落在她颈间的项链——那枚旧项目的终止协议，被她塑封后做成了吊坠。

深夜，周瑾在空荡的新办公室加班。她点开旧项目的最后一份复盘文档，在结尾处补上新的注脚："沉没成本不是失败，而是选择的机会成本。真正的勇气，在于把墓碑铸成地基。"

窗外，城市灯火如星海。远处传来的创客空间的3D打印机声像永不停歇的心跳。抽屉里，瑜伽垫终于被拆开了包装，旁边躺着新项目的用户增长曲线图——这条向上的曲线，正从她当年画下的止损点开始延伸。

成功感悟

沉没成本就像一场迷雾，用过往的投入与心血模糊视线，让我们在坚持与放弃间踟蹰不前。周瑾以破局者的清醒与果敢，在机会成本与边际收益的天平上做出艰难却正确的抉择。正是这份斩断枷锁的勇气，为她开辟出崭新的赛道。这才是镌刻在创业者血脉中的智慧与力量。

有充沛的现金：当现金流成为创业生命线的密码

创业锦囊

现金流是企业生存的命脉，如同人体流动的血液，直接决定着企业的生死存亡。利润所反映的是企业的盈利能力，而现金流则是维持企业运转的"氧气"。

稳定的现金流不仅能保障企业日常运营、支付员工薪酬、偿还债务，更能在经济下行或行业波动时，为企业提供缓冲空间，抵御风险。反之，即便账面利润可观，若现金流断裂，企业也将陷入资金链危机，甚至面临破产。因此，企业必须确保现金持续、健康地流动，为长远发展筑牢根基。

案例故事

程野的手指在键盘上悬停，光标在"季度现金流预测表"的标题旁闪烁。窗外春雨绵绵，像极了三个月前公司完成B轮融资那天的天气。当时创始人举着香槟说："我们要用资本杠杆撬动整个市场。"

现在，他点开银行余额监控页面，数字正不断减少。财务BP（财务业务伙伴）在晨会上说："如果下周收不到A客户的尾款，我们连工资都发不出来。"

深夜的办公室只剩自动贩卖机发出嗡鸣。程野把过去十二个月的流水导出成excel，在"现金流入"列标上刺眼的红色。他想起上个月在硅谷参加的行业峰会，某个财务高管的话突然刺穿记忆："现金不是战略，是氧气。"

晨会上，程野把紧急预案拍在会议桌上。纸张与实木的撞击声让几个业务总监猛地抬头，西装革履下藏着他们连续加班的疲惫。程野点开客户账期表："所有超过90天的应收账款，今天必须发律师函。"

销售副总裁当场摔门而出："你这是要断送客户关系！"

"不断臂就会失血而亡。"程野调出竞品倒闭案例分析，"去年三家独角兽死在现金流断裂，他们的客户账期平均为180天。"

财务复盘会从下午持续到深夜。当风控团队演示压力测试模型时，实习生突然举手："其实两个月前供应商就提过预付款折扣……"

这句话让程野突然想起被忽略的供应链优化方案，那些用绿色标注的"可谈判空间"像未开发的金矿。他立即带着团队驻扎在供应商仓库，用三天时间重新梳理账期。当新的付款协议签下"15天账期换3%折扣"的条款时，程野突然想起大学时在便利店打工的经历——当时的店长总说："现金流比利润更重要。"

现金保卫战进入白热化。程野抵押了自住房产，换来短期贷款填

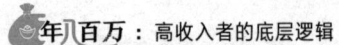

补缺口。深夜，他在办公室吃着泡面，看着监控大屏上跳动的现金流数字，突然接到A客户财务总监的电话："首付款明天到账，但有个条件——你们必须接受6个月账期。"

程野盯着窗外渐亮的天色，想起妻子今早抱怨产检排队三个小时。他按下通话键："抱歉，我们只接受30天。"

转机出现在第四周。当A客户的尾款全部到账时，程野正在产房外办理二胎出生证明。手机弹出银行到账通知，数字刚好覆盖当天要支付的工资总额。他摸着新生儿柔软的胎发，突然明白现金管理不是冰冷的数字游戏，而是守护生命线的温度。

季度总结会上，程野展示了新的现金流模型。屏幕上，那条代表现金余额的曲线不再惊心动魄，而是像稳健的心电图。"我们做了三件事："程野竖起三根手指，"第一，把应收账款周转率提升40%；第二，通过预付款折扣降低采购成本12%；第三，建立动态现金监控预警系统。"

创始人突然打断："还有第四件没说。"他晃了晃手机，屏幕上显示着新办公室的平面图："我们活下来了，而且活得更好。"

年终酒会上，投资人举着香槟走来："听说你们开始盈利了？"

程野晃了晃手腕上的智能手表，表盘显示着实时现金余额。"这不是盈利，是造血能力。"

深夜，程野在空荡的办公室加班。他看着电脑上新的现金流预测表，露出了笑容。他飞快地在表格上写下了注脚："现金不是数字，是企业跳动的脉搏。真正的CFO，要守护这份生命体征。"他合上电脑，听见走廊传来保洁阿姨的拖地声——那规律的沙沙声，像极了现金流稳定流动的韵律。

成功感悟

现金流是企业看不见的生命线。在濒临绝境的至暗时刻，程野用破釜沉舟的勇气与智慧，将断裂的资金链重新编织。他教会我们，现金流不是冰冷的数字，而是企业跳动的脉搏。当我们学会像守护生命般管理现金，那些熬过的夜、有过的博弈，终将化作支撑企业稳健前行的底气，让每个数字都成为跳动的希望。

企业慢增长：资产负债表上的生存智慧

创业锦囊

在商业竞争的浪潮中，企业的发展不应一味追求狂飙突进，慢增长反而是守护资金链健康的智慧之道。

如同文火熬煮方能出珍品，企业通过控制扩张节奏，避免盲目借贷与过度投资，能够减少资金链断裂风险。保持稳定的现金流、优化资产负债结构，以自有资金稳健推进业务，看似增长迟缓，实则在夯实根基。当市场遭遇波动，那些坚守慢增长的企业，凭借健康的资金链，往往更具抗风险能力，实现可持续发展。

案例故事

凌晨三点的城市还未苏醒，林深的咖啡馆却亮着暖黄的灯。她站在操作台前研磨咖啡豆，机器发出细碎的嗡鸣，像极了二十年前父亲在作坊里推磨的声响。那时她总嫌石磨转得太慢，总问父亲："怎么还没有香味？"父亲总是笑着往灶膛添柴："火候到了，香味自然就出来了。"

真正的财富从不在数字里，而在掌心的茧、眼角的纹、深夜台灯下的图纸里。林深想起去年收购的老字号茶厂，老师傅们坚持用古法炭焙，哪怕效率只有现代电焙的三分之一。"火候要透进茶叶的骨子里，"八十岁的老师傅敲着铜锅，"急火攻心，茶香就浮在表面。"这话让林深想起华尔街那些用算法交易的基金经理，他们追逐毫秒级的套利机会，却失去了品味财富沉淀的耐心。

财富如酿酒，越陈越香。林深在办公室藏着一坛二十年的女儿红，那是父亲在她出生时埋下的。去年启封时，酒液已呈琥珀色，入口绵长回甘。如果当年父亲为了快速获利，选择酿制普通黄酒，或许能早几年看到收益，但绝不会收获这般时光馈赠的醇香。

林深常和员工说："看财报要看利润表，更要读资产负债表。"利润是盛开的花，资产是深扎的根。就像她坚持用自有资金发展业务，哪怕扩张速度慢些，也要保证资金链的健康。"暴风雨来时，根深叶茂的树才能存活。"这话在金融危机时得到了验证，当同行纷纷断臂求生时，他们靠着稳健的现金流完成了逆势收购。

真正的财富积累者，都是时间的信徒。林深的书架上摆着泛黄的账本，记录着公司每一笔收支。那些歪歪扭扭的数字里，藏着第一次收到天使投资时的惊喜，产品迭代失败时的焦虑，团队突破技术瓶颈时的狂欢。每当她翻阅这些账本，就像重走一遍创业之路，那些数字不再是冰冷的符号，而是跳动着生命温度的里程碑。

窗外雨停了，第一缕晨光穿透云层。林深合上账本，端起手边的紫砂壶。茶汤在晨光中泛起金圈，那是她去年亲手采摘的春茶，经过

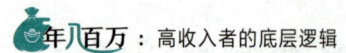

三道炭焙，又在陶罐里陈放了一整年。财富积累的过程，何尝不是这样？要经得起时间的烘焙；耐得住寂寞的沉淀，终会在某个清晨，绽放出令人惊艳的光华。

她想起父亲临终前的叮嘱："做企业如做人，别只看秤上的斤两，要掂量心里的分量。"这句话被她刻在公司大堂的石碑上，每个新入职的员工都要摸一摸那块石碑。冰冷的石材经过十年风雨，表面已变得温润如玉，就像财富积累的过程，终将棱角磨平，光华内敛。

财富真正的价值，不在于账户上跳动的数字，而在于那些与数字共同呼吸的岁月。当我们在过程中倾注心血，时间自会酿出最醇厚的酒。林深望着窗外渐渐亮起的城市，新的一天又将开始，而属于她的那坛酒，还在时光里静静地发酵。

💰 成功感悟

在追逐企业快速增长的时代，林深用文火慢炖的智慧，熬煮出企业长青的秘方。她懂得，慢速增长不是退缩，而是扎根的坚守；资金链的健康，胜过账面的浮华。那些耐住寂寞沉淀的时光，那些拒绝盲目扩张的克制，终将化作抵御风暴的实力。

第七章

团队赋能：构建高绩效创业引擎

核心团队搭建：从"兄弟情谊"到"能力拼图"

创业锦囊

核心团队搭建的本质是"理性拼图"而非"情感结盟"。创业者要跳出"熟人信任圈"，以"能力互补、价值观同频、目标对齐"为铁律：

·能力矩阵>关系亲疏：拒绝"兄弟齐心上阵"的浪漫幻想，用清晰的能力图谱（技术/运营/市场/财务）筛选合伙人，确保团队覆盖业务全链条。

·价值观校验>资源承诺：共同经历低谷的抗压能力、对商业本质的认知共识，比短期资源注入更能决定团队韧性。

·角色边界>股权均分：提前明确"谁负责拍板""谁擅长执行"，避免"多头领导"或"责任真空"，让每个角色成为不可替代的拼图。

案例故事

陈默盯着会议室里摔碎的马克杯，咖啡渍在白色地砖上蜿蜒，像极了团队分崩离析的裂痕。

三年前，他拉着大学室友张力、前同事王磊创立"云仓科技"，三人凑了80万启动资金，股权均分，誓言"兄弟齐心，其利断金"。张力擅长技术，负责产品开发；王磊有供应链资源，对接工厂；陈默自己跑市场。初期顺风顺水，拿到天使投资，租下整层办公室，团队扩张到30人。

转折点出现在第一次战略会议。张力坚持投入200万研发智能仓储系统，认为这是技术壁垒；王磊觉得应先扩大产能，抢占华东市场；陈默则想砸钱做品牌营销，快速打响知名度。三人各执一词，谁也说服不了谁，会议从下午三点开到凌晨，最终不欢而散。

"我们是兄弟，没必要这么计较吧？"张力拍着陈默的肩膀，试图缓和气氛，"要不投票决定？"但投票结果3∶3（包括其他三位高管），陷入僵局。此后三个月，团队在技术研发、产能扩张、营销投入之间来回摇摆，资金消耗过半，却一事无成。

真正的危机在供应商断货时爆发。王磊对接的工厂因环保整改停工，他却瞒着团队寻找替代供应商，导致产品交付延迟两周。客户投诉电话打爆了陈默的手机，他冲进王磊的办公室："这么大的事为什么不说？"

"说了又怎样？你们会支持我增加采购成本吗？"王磊红着眼眶，"反正你们都觉得我的供应链方案不够'技术派'。"

团队散伙那晚，陈默坐在空荡荡的办公室，看着墙上"兄弟创业，永不服输"的标语，突然意识到：靠感情维系的团队，就像没有地基的高楼，风一吹就倒。

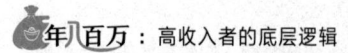

休整半年后，陈默带着"能力拼图"清单重新出发。他在创业社群发布招募帖，明确标注需要"有传统仓储行业经验的运营专家""擅长B端产品设计的技术负责人""具备资本对接能力的财务顾问"，并设置三轮筛选。

最终，他选中了三个"陌生人"：

李薇，曾在某物流担任区域运营总监，擅长供应链落地，填补了王磊当年的"伪资源型"短板；

周航，连续创业者，做过两款千万级用户的SaaS产品，技术背景扎实又深谙商业落地节奏；

林悦，资深投行经理，能从资本视角反推业务模型，避免盲目烧钱。

四人首次线下聚会，陈默拿出提前准备的《合伙人分工协议》：李薇任COO，主导供应链和交付；周航任CTO，聚焦标准化产品研发；林悦任CFO，统筹资金和融资；陈默自己任CEO，负责战略和外部资源。股权按能力贡献梯度分配，设置4年成熟期，退出机制清晰到"因理念分歧退股如何估值"。

"丑话说在前头。"陈默指着协议，"我们不是兄弟，但要做比兄弟更靠谱的战友——各自把擅长的事做到极致，分歧用流程解决，而不是感情绑架。"

新团队的第一个挑战在三个月后。周航的技术团队提出增加50万元预算开发定制化模块，李薇坚决反对："中小企业客户需要的是快速上线，不是完美但昂贵的系统。"两人在白板前画了三小时流程图，最终达成共识：保留核心功能，定制化需求转为"付费增值服务"。

这种"专业碰撞"反而让团队释放出惊人的效率。半年后，"云仓2.0"系统上线，主打"72小时全国仓储部署"，精准击中中小电商痛点，首月签约30家客户，现金流回正。当投资人追问"为什么这次团队这么稳"时，陈默指着会议室墙上的"能力拼图"模型："我们不追求每个人都厉害，但要让每个人都不可替代。"

如今，云仓科技估值过亿，核心团队从未有人提出离职。某次复盘会上，李薇笑着说："当初最担心你是'情怀型'老板，没想到你比我们都理性。"陈默翻开笔记本，上面记着当年散伙时的教训："真正的团队不是凑一群人做事，而是找对人，让每个人在对的位置上发光。"

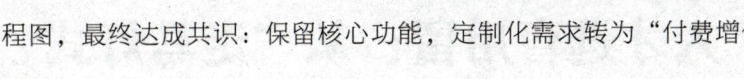

成功感悟

创业路上，"兄弟情谊"是温暖的糖衣，却可能包裹着致命的毒药。陈默的经历印证：核心团队的搭建，始于对"感性结盟"的清醒剥离，成于对"能力拼图"的理性构建。当每个合伙人都是不可替代的齿轮，当分歧能在专业框架内被消化，团队便有了穿越周期的生命力。记住：好的合伙人不是"选来陪你吃饭的"，而是"找来陪你打仗的"——唯有能力互补、价值观同频的铁三角，才能在商业战场上无往不胜。

人才选育用留：从"走马灯式离职"到"铁班底养成"

创业锦囊

人才选育用留的核心是构建"共生型人才生态"：

·选才：穿透简历看"成长势能"——拒绝"唯经验论"，关注候选人解决问题的底层逻辑、学习能力及价值观契合度，用场景化面试（如"假设客户投诉爆炸，你会如何拆解问题"）替代履历筛选。

·育才：把业务痛点变成"成长道场"——放弃形式化培训，让员工在真实项目中"边战边学"，建立"导师制+项目制"双驱动培养体系，将企业难题转化为人才练兵场。

·用才：给"潜力股"压担子——打破职级壁垒，让新人在关键岗位试错（如让管培生主导用户调研），用"挑战型任务"激活潜能，同时设置"容错机制"，避免畏手畏脚。

·留才：从"薪资留人"到"使命绑定"——设计"成长看得见"的晋升通道（如季度能力评估表），开放期权、分红等长期激励机制，让员工感知"工作的意义"。

案例故事

赵娜盯着考勤系统里的离职率数据，42%的季度流失率像根刺扎在眼球上。她创办的"青禾烘焙"刚拿到A轮融资，门店扩张到15家，却陷入"招人—培训—离职"的死循环。

"店长又辞职了，说老家要安排相亲。"区域经理小王欲言又止，"其实大家都知道，是嫌晋升没盼头。"

赵娜想起三个月前的场景：新员工小张在裱花台边偷偷抹眼泪，只因老员工不愿教她新款蛋糕做法。"教会徒弟饿死师傅"的潜规则，让团队像一盘散沙。致命的是，核心岗位全靠高薪外聘，基层员工看不到上升通道，纷纷跳槽去了竞品公司。

"这样下去，扩张计划就是空中楼阁。"赵娜在深夜的办公室写下"人才断层"四个大字，突然想起参观海底捞时看到的场景——服务员主动为顾客系围裙、擦眼镜，那不只是培训出来的"标准化服务"，更是发自内心的归属感。

她决定从"选育用留"全链条重构人才体系。

1.选才：用"烤蛋糕"代替"看简历"

在招聘裱花师时，赵娜取消了"3年经验"的硬指标，改为现场实操：给候选人30分钟，用指定食材做出"能让小孩眼睛发亮"的蛋糕。她更关注候选人如何理解用户需求——曾有个宝妈候选人，在蛋糕上捏出卡通洗手台造型，提醒孩子餐后洗手，当场打动了赵娜。"比起

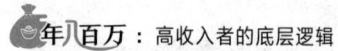

熟练工，我更想要'会思考的手'。"

2.育才：把门店变成"实战课堂"

赵娜推出"青苗计划"：每个新员工都会分配一位"带教师傅"，带教成果与师傅的绩效直接挂钩（如徒弟转正，师傅每月多拿500元奖金）。她还故意把棘手任务交给新人：让零经验的小李负责网红款"爆浆蛋糕"的研发，安排老店长全程护航但不插手。当小李的作品登上本地美食热搜时，她在员工大会上宣布："青禾的研发部，永远为一线员工敞开大门。"

3.用才：给"店员"戴上"店长徽章"

最激进的改革是"代理店长制"：工作满半年的员工，可申请担任"周末店长"，负责门店一天的运营决策（如促销方案、人员调配等）。第一个吃螃蟹的是收银员小吴，她发现周末家庭客户多，推出"亲子DIY蛋糕"活动，当天营业额暴涨30%。如今，青禾80%的店长都来自内部晋升，他们的工牌上都刻着"从某某岗位晋升"的字样。

4.留才：让员工成为"自己的老板"

赵娜推出"门店合伙人计划"：员工可自愿投资5万—10万元，成为所驻门店的合伙人，享受每月利润分成。裱花师阿芳拿出积蓄加入，三个月后收到第一笔分红时哭了："以前觉得只是打工，现在每做一个蛋糕，都是在为自己的未来裱花。"公司还设立"成长银行"，员工的培训时长、创新提案、客户好评都能兑换"成长积分"，积分可抵扣加盟费——这意味着优秀员工未来能独立开店，青禾提供供应链支持。

转折点发生在一个暴雨夜。人民广场店突发电路故障，蛋糕胚即将变质。值班的实习生小陈想起培训时学过的"应急方案"，立刻联系周边门店调用电烤箱，冒雨转移食材，最终只损失了两盘蛋糕。当赵娜赶到现场时，看到小陈正在给顾客手写道歉卡，旁边围着主动留下帮忙的店员。"以前遇到这种事，他们早就下班了。"区域经理小王感慨。

两年后，青禾烘焙门店扩张到50家，离职率降至8%，员工自主培养率达92%。在年度颁奖礼上，从收银员晋升为区域经理的小吴拿着话筒说："在青禾，我看到的不是天花板，而是一级级向上的台阶。"赵娜看着背景板上的口号——"让每个烘焙师都成为自己的CEO"，她知道，最艰难的人才之战，她打赢了。

成功感悟

人才从来不是"招来的"，而是"培养出来的"。赵娜的实践证明：当企业把人才选育用留当作"生态建设"而非"流程执行"，奇迹就会发生。从拒绝"经验崇拜"的选人智慧，到"把战场当课堂"的育才勇气，再到"让员工成为老板"的留才格局，每一步都在回答同一个命题：最好的人才管理，是让员工在企业里看到自己的未来。记住：当你的团队愿意在暴雨中为门店拼命，不是因为工资，而是因为他们知道——在这里，每一份付出都是在浇筑自己的梦想基石。

创业文化塑造：从口号上墙到血液里的生存法则

 创业锦囊

创业文化不是贴在墙上的标语，而是团队在压力下的集体选择。真正的文化塑造需要跨越三重关卡：

·去口号化落地：用可执行的"文化仪式"替代空洞口号（如每周"用户吐槽大会"、失败案例复盘会），让价值观转化为具体的行为指南。

·冲突检验机制：当利益与文化冲突（如短期业绩vs长期用户体验）时，确立决策原则，让文化成为解决分歧的"最高法则"。

·创始人行为锚定：创始人必须成为文化的"第一执行者"——要求团队做到的，自己先做到；禁止团队做的，自己先杜绝，避免"文化分裂"。

　　张南站在发布会后台，看着大屏幕上"用户至上，极致创新"的口号，手心沁出冷汗。半小时前，客服总监紧急汇报：新上线的教育App因题库错误，收到200多条一星差评，而技术团队为赶发布会进度，竟擅自屏蔽了用户反馈入口。

　　"这就是我们的'用户至上'？"张南盯着技术负责人小王，后者低头不语。三个月前，她带着"改变教育行业"的愿景创立"知学科技"，办公室墙上贴满"用户第一""快速迭代"的标语，每周例会，大家都激情澎湃，可现实中，团队为了KPI不择手段，用户体验被抛在脑后。

　　真正的危机在一周后爆发。某重点中学用户在论坛曝光题库错误，引发连锁反应，投资人电话接连打来，要求解释"数据造假"。张南连夜召开全员会议，看着鸦雀无声的会议室，她突然意识到：贴在墙上的口号，从来没有真正走进团队的心里。

　　"我们来做个实验。"张南关掉灯光，打开投影仪，播放用户差评录音："花3000块买的课程，连初三物理公式都错，你们对得起良心吗？"黑暗中，没有人说话。当灯光重新亮起，张南指着墙上的口号："现在，这些字对我们来说，只是笑话。"

　　第二天，张南做了三件事：

　　一是建立"用户声音"仪式：每周一上午，全体员工必须参与"用

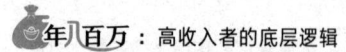

户吐槽大会"，随机抽取10条真实差评，由责任人现场认领并提出改进方案，她自己带头认领"屏蔽反馈入口"的决策失误。

二是制定"文化冲突"决策表：在会议室张贴"用户体验＞短期数据""长期价值＞短期利益"等原则，要求所有决策必须经过"文化校验"，比如新功能开发前，先回答"是否解决了用户问题"。

三是树立"反向榜样"标杆：将此次数据造假事件写入《文化警示录》，技术负责人小王降薪30％，转岗客服部收集用户反馈，用真实案例告诉团队："破坏文化的代价，比失败更沉重。"

三个月后，知学科技的"用户吐槽大会"成了最火爆的例会。某次会议上，运营专员提出："中学生用户常因家长管控，只能用老人机上课，我们的App在低配手机上卡顿严重。"技术团队当场拆解问题，两周后推出"极简模式"，用户留存率提升25％。

一个暴雨夜，服务器突发故障，课程直播中断，客服团队接到上百个投诉电话。按照以往，运营部会建议"发补偿券了事"，但这次，技术总监带着团队冒雨赶到机房抢修，张南亲自在家长群道歉，

并承诺"直播回放2小时内上线，额外赠送10节专题课"。当凌晨两点回放视频准时上线时，家长群里的抱怨声变成了"你们是我见过最拼的团队"。

"文化不是我们说什么，而是我们在关键时刻做什么。"张南在年度复盘会上展示用户增长量时说。如今的知学科技，办公室墙上的标语早已褪色，但新的文化符号深入人心：每个新员工入职，都会收到一本《用户吐槽汇编》；每个会议室都以用户城市命名；甚至厕所隔板上都贴着"你今天为用户多做了什么？"的灵魂拷问。

最让张南感动的是一次用户家访。当团队走进山区学生家里，看到孩子在破旧手机上用"极简模式"认真听课，技术小哥当场掏出自己的备用机："这个给你，屏幕大些。"那一刻，她知道，文化已经从墙上的字变成了团队血液里的本能。

💳 成功感悟

创业文化是团队的软实力，是企业在市场风暴中生存和发展的根基。张南的故事告诉我们：真正的文化塑造，始于创始人撕下"口号伪装"的勇气，成于将价值观转化为具体行动准则的坚持。当"用户至上"不再是PPT里的漂亮话，而是暴雨中抢修服务器的身影、深夜回复用户的消息，文化便有了穿透商业周期的力量。记住：你如何对待用户的每一次皱眉，如何处理团队的每一次分歧，就是在书写属于自己的企业文化史诗。

高效协作机制：小团队如何玩转"敏捷作战"

 创业锦囊

　　高效协作的本质是"用机制降低沟通成本"，核心在于构建"目标对齐、权责清晰、反馈闭环"的作战系统：

　　·目标透明化：通过OKR（目标与关键成果法）让团队共享"战场地图"，避免"各打各的"。

　　·沟通轻量化：用"晨会10分钟+异步文档"替代冗长会议，让信息流动像"即时通讯"一样高效。

　　·流程模块化：将业务拆解为"可复制的作战单元"，如"产品研发四步法""客户成交三原则"，减少重复决策。

　　·容错有边界：设定"试错安全区"，允许非核心环节快速迭代，核心环节必须"精准打击"。

　　·工具即战力：利用项目管理工具（如飞书多维表格）将协作流程"数字化武装"，让每个人清晰看到"战友的位置"。

案例故事

李畅盯着屏幕上红色的延期警示，手指在键盘上敲出急促的声响。她的15人创业团队正在开发一款跨境电商SaaS系统，距离上线只剩两周，核心功能却卡在"多语言结算模块"，前端与后端开发团队互相指责对方"接口文档不清晰"。

"每天开会三个小时，全在吵架！"CTO陈凯摔了手中的笔记本，"到底是先做用户体验还是先保证数据安全？"

"当然是用户体验！"负责产品的王雨薇针锋相对，"客户说看不懂结算页面，转化率已经掉了12%！"

李畅揉了揉太阳穴，想起三个月前团队刚组建时的热血——她从大厂离职，拉来前同事陈凯（技术）、王雨薇（产品），加上新招募的运营和客服，本以为"小而美"的团队能快速迭代，却陷入"小而乱"的泥潭：需求文档天天改，任务分工不明确，有人忙到凌晨，有人闲等需求，怨气在茶水间蔓延。

一次创业者沙龙，一个人展示了自己的"敏捷作战看板"：目标拆解成可视化卡片，不同颜色代表优先级，每个人的任务进度实时更新。"小团队要像特种部队，每个人都知道自己的坐标和战友的动向。"李畅说。

回到公司，李畅连夜制定改革方案：

第一，OKR上墙，目标对齐。在会议室白板画"目标金字塔"，顶层是"30天上线"，中层拆解为"技术开发""产品测试""客户

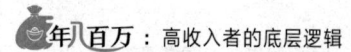

培训"三大战役，底层是每个人的具体任务，用磁贴标注负责人和最后期限。

第二，晨会"站着开"，晚报"轻量化"。每天早上9点，团队站成一圈，每人用3句话汇报"昨天完成什么、今天做什么、需要什么帮助"，杜绝PPT和细节讨论；晚上在群里发"作战日报"，用表格同步进度。

第三，模块化分工，容错有边界。将项目分为"核心战场"（结算模块、数据安全）和"辅助战场"（界面优化、用户引导），核心战场必须严格走评审流程，辅助战场允许"先斩后奏"，24小时内同步结果。

第四，用飞书多维表格搭建"作战指挥中心"。每个任务卡片关联负责人、依赖项、风险预警，系统自动给延期任务标红，所有人随时能看到"战场全景"。

改革第一天，晨会从40分钟压缩到12分钟。当陈凯说"后端需要产品确认结算字段定义"，王雨薇立刻在看板上贴出"需求澄清"任务卡，标注当天12点前完成。"这次没借口拖延了。"她笑着说。

系统上线前三天，测试团队发现"多语言切换时结算金额显示错误"，这属于核心战场问题。李畅启动"战时协作机制"：技术、产品、测试三人组在会议室"闭关"，用白板画出数据流转图，3小时锁定是"汇率换算接口"参数错误，陈凯当场修改代码，王雨薇同步更新帮助文档，测试团队立即复检，当晚11点前确认修复。

"云贸通SaaS"上线当天，注册用户突破2000，远超预期。庆功会上，陈凯指着墙上的OKR看板："现在终于知道每天该打哪颗子弹了。"王雨薇翻着手机里的协作记录："最爽的是不用反复问'这个需求谁说了算'，看板上写得明明白白。"

半年后，团队扩充到30人，协作机制迭代为2.0版本：新增"跨部门作战小组"应对复杂项目，引入"复盘会五步法"（目标回顾、结果对比、障碍分析、经验沉淀、计划更新）。当竞品团队还在为"需求反复"焦头烂额时，李畅的团队已经能做到"需求响应24小时闭环，核心bug4小时修复"。

"以前觉得高效协作靠默契，其实应该靠设计。"李畅在给投资人的信里写道，"就像给团队装上了'协作引擎'，每个人都知道自己的齿轮该怎么转，还能看见整个机器的运转方向。"

成功感悟

李畅的故事印证：当目标被拆解成可视化的"作战地图"，当沟通被压缩成精准的"信息弹药"，当分工被打磨成可复制的"协作模块"，小团队也能爆发出超越规模的战斗力。记住：好的协作机制不是约束，而是赋能——它让每个成员从"摸着石头过河"变成"沿着路标冲刺"，让团队在复杂战场中保持"敏捷如豹，协同如臂"，这才是小团队对抗大公司的核心优势。

领导力进阶：从"技术大拿"到"团队掌舵者"的蜕变之路

 创业锦囊

领导力进阶的本质是"角色认知革命"——从"个人能力天花板"到"团队潜力孵化器"，需跨越三重境界：

·从"执行者"到"决策者"：告别"凡事亲力亲为"的工匠思维，聚焦战略方向，让专业的人做专业的事。

·从"任务驱动"到"愿景驱动"：用清晰的使命凝聚团队，让成员从"完成工作"到"相信事业"。

·从"权威依赖"到"机制赋能"：建立可复制的流程和容错机制，让团队在创始人缺位时仍能高效运转。

核心逻辑：真正的领导力，是让团队在你"放手"时，反而跑得更快。

 **案例故事**

陆凡盯着屏幕上的404错误页面，手指在键盘上敲出一串愤怒的代码注释。作为"极客云"的创始人，他曾是圈内知名的技术大牛，带领团队用三个月开发出行业领先的云存储系统，却在产品上线首月遭遇滑铁卢——用户投诉量突破万次，核心开发团队接连提出离职。

那晚，陆凡翻出创业初期的笔记本，上面记着自己的豪言壮语："要打造让技术人骄傲的公司"。但现在，团队里的程序员每天花80%的时间处理他临时指派的杂务，产品迭代速度比竞品慢了半个周期。

第二天，陆凡做了两个决定：第一，高薪聘请曾在大厂任技术总监的王哲担任CTO，全面接管技术团队；第二，报名参加创业者领导力训练营，从零开始学习管理。

王哲入职后做的第一件事，就是推翻陆凡亲自写的技术架构文档："你写的是艺术品，而我们需要的是能让新人快速上手的工业化流程。"起初陆凡忍不住想干预，但他强迫自己坐在会议室旁听，看着王哲用"技术委员会"机制让团队自主决策。

真正的阵痛在三个月后。市场部提出开发"企业级云盘"，陆凡本能想否定："我们的核心优势是个人用户端，做B端会稀释技术浓度。"但这次，他把问题抛给了产品委员会——由CTO、COO、市场总监和三位资深员工组成的决策小组。

"个人云存储市场已是红海，企业端虽然复杂，但客户付费意愿更强。"产品经理小林的汇报让陆凡意识到，自己的技术执念正在遮

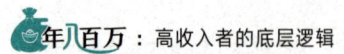

蔽商业视野。最终，委员会以5:2通过B端转型方案，陆凡第一次在决策书上签下"同意"。

转型期的庆功宴上，运维主管老张举起酒杯："陆总，您知道现在最让我们感动的是什么吗？不是您改了多少行代码，而是您愿意听我们说'这个方案有问题'。"陆凡突然发现，当他退居二线，团队反而迸发出惊人的创造力：客服部自主开发了智能工单系统，市场部用"极客故事"短视频矩阵拉新，连行政人员都设计了程序员专属的弹性考勤制度。

如今，陆凡的办公桌上摆着一本翻旧的《领导力梯队》，书签夹在"从管理者到领导者"的章节。每当有人请教创业秘诀，他都会翻开这页："最好的领导，是让团队在没有你的时候，依然知道该往哪走——而你，只需要负责擦亮前方的灯塔。"

成功感悟

陆凡的蜕变揭示了领导力进阶的真相：从"技术大拿"到"团队掌舵者"，不是能力的加法，而是认知的乘法。当创始人放下"个人英雄主义"的执念，学会用愿景凝聚人心、用机制释放潜能，团队才能从"依赖权威"走向"自主驱动"。真正的领导力，始于承认自己的"不万能"，终于让每个成员都成为"万能"——这不是权力的让渡，而是价值的升维。在商业的深海里，唯有那些学会建造灯塔的人，才能带领船队穿越迷雾，抵达远方。

第八章

品牌破圈：从无名氏到价值符号的升维战

锚定品牌基因：从单亲妈妈的育儿痛到千万妈妈的情感共鸣

 创业锦囊

锚定品牌基因的核心是"用创始人的伤疤做用户的铠甲"——从个人原生痛点出发，提炼普遍价值，让品牌成为某个群体的精神符号：

·痛点溯源法：挖掘创始人未被满足的真实需求（如单亲妈妈的育儿焦虑），这往往是品牌差异化的原点。

·价值升维术：将个人体验转化为群体共鸣（从"我需要"到"我们需要"），用情感语言重构行业叙事。

·反完美主义：拒绝空洞的"高端""极致"口号，直面用户生活中的真实困境，让品牌成为"不完美的陪伴者"。

核心逻辑：真正的品牌基因，藏在创始人与用户共同经历的"至暗时刻"中。

案例故事

赵洁蹲在儿科急诊室的长椅上，怀里的女儿烧得滚烫。凌晨三点的医院走廊回荡着此起彼伏的哭声，她看着手机里育儿群的消息："产后抑郁不是矫情，是妈妈真的撑不住了。"

作为单亲妈妈，她曾无数次在深夜崩溃——既要应付甲方的"夺命连环call"，又要哄睡哭闹的孩子；想给女儿最好的辅食，却发现市场上的母婴品牌都在贩卖"完美妈妈"的焦虑："科学育儿时间表""有机食材清单""情绪稳定的母亲是孩子的起跑线"。

"这些标签就像枷锁。"赵洁摸着女儿汗湿的头发，"为什么没人告诉我们，妈妈也可以犯错，育儿本就没有标准答案？"

三个月后，赵洁辞去高薪广告总监职位，在车库创办"小满育儿"品牌。她没有像竞品那样主打"高端配方"或"智能设备"，而是做了一件"离经叛道"的事：在官网首页放了一段自己边哭边给女儿做辅食的视频，配文："今天煮糊了南瓜粥，但宝宝依然吃得很香——原来不完美，也能给孩子安全感。"

"你这是在砸自己的招牌！"第一个投资人看完商业计划书拍案而起，"母婴品牌必须传递专业和可靠，不是展示脆弱！"

赵洁却笑了："正是这种'必须完美'的执念，让无数妈妈陷入自我怀疑。我们要做的是让育儿回归本能——饿了就吃，累了就歇，不需要永远正确。"

赵洁带着摄像机走进二十个普通家庭，记录下妈妈们的真实日常：有的在开会时偷偷挤母乳，有的因孩子打翻辅食而崩溃大哭，有的用绘本遮住自己流泪的脸。这些镜头被剪成《妈妈的第一天》系列纪录片，在抖音发布当晚播放量破百万，评论区满是"原来我不是一个人"的留言。

一次线下沙龙，一位妈妈抱着三个月大的婴儿冲进现场："我婆婆说我不会带孩子，你们的视频让我敢跟她说'我的方式也没错'。"赵洁突然意识到，"小满育儿"早已超越了产品本身，成为千万妈妈对抗焦虑的"精神同盟"。

产品研发也围绕"反完美"的理念展开：推出"容错辅食机"，故意保留"手动调节"功能，让妈妈们不用依赖"精准温控"；设计"可拆卸脏衣兜"的母婴包，直面"育儿现场必然混乱"的真相；甚至给包装印上"今天没读绘本也没关系"的暖心提示。

三年后，"小满育儿"市场估值5亿，用户产品复购率高达

65%——这个数字远超行业平均水平。在年度用户大会上，赵洁看着台下抱着孩子的妈妈们，想起创业初期在车库吃泡面的夜晚："曾经我以为，品牌需要一个光鲜的故事，但后来发现，最有力量的品牌基因，藏在我们敢于直面的狼狈里。"

投资人曾问她："你们的核心技术是什么？"赵洁指着墙上的用户留言墙："是让每个妈妈都能对自己说'小满即安'的勇气——这才是我们不可复制的壁垒。"

如今，"小满育儿"的产品包装上都印着一行小字："致所有不完美的完美妈妈"。这个从单亲妈妈育儿痛中生长出来的品牌，早已超越了商业范畴，成为一代人的育儿价值观——接纳不完美，才是最有温度的成长。

成功感悟

　　赵洁的故事揭示了品牌建设的实质：品牌从来不是会议室里喊出来的华丽口号，而是创始人与用户共同经历的生活褶皱，是未被言说的渴望与挣扎。当她放下"专业妈妈"的伪装，露出真实的育儿伤疤，反而触达千万女性的内心深处。这启示我们：锚定品牌基因，就是找到创始人与用户之间的"疼痛共鸣点"——用个人故事的"针"，穿起群体情感的"线"，让品牌成为某个时代的精神纽扣。毕竟，在流量碎片化的今天，能让用户说"这就是我"的品牌，终将在他们心里扎根。

构建记忆锚点：从"无名氏"到"一眼难忘"的破局之道

 创业锦囊

构建记忆锚点的本质是在用户心中"钉钉子"——用高度差异化的符号、场景或情感体验，让品牌在信息洪流中脱颖而出。核心策略包括：

·超级符号法则：设计可感知、易传播的视觉/听觉标识（如独特logo、标志性口号、专属消费仪式）。

·痛点具象化：将用户需求转化为可触摸的记忆载体（如"怕上火喝王老吉"将功能性需求转化为场景化符号）。

·情感绑定术：通过创始人故事、用户共创活动，让品牌成为特定情感的代名词。

关键逻辑：用户记住的不是品牌本身，而是品牌带来的"独特确定性"——想起某个场景，就想起你。

案例故事

杨涵盯着手机屏幕，最新一条差评像根刺扎在眼皮上："装修挺文艺，但完全记不住这家店卖什么。"她放下手机，环顾自己的文创小店"时光集"——原木货架上摆满了手账、明信片和小众设计师饰品，暖黄的灯光下确实温馨，却如用户所说，"逛完就忘"。

这是她创业的第187天。辞去高薪设计师工作，用积蓄在老街区开了这家店，本想靠"治愈系文创"打动年轻人，却陷入"叫好不叫座"的困境：客流不少，复购率却不到5%。连周边居民路过时都常说："那家卖文创的店叫什么来着？"

一个梅雨天，杨涵在店门口看雨，看见隔壁面包店的老板正给熟客递上印着笑脸贴纸的纸袋，阿姨接过时笑着说："看到这个红笑脸，就知道是你们家的面包。"

杨涵突然意识到："时光集"缺的正是这样一个"红笑脸"——让用户一眼记住、一念就懂的记忆锚点。

当晚，杨涵翻出创业初期画的手稿，发现自己曾随手勾勒过一个抱着书本的猫头鹰形象。"对，就用它！"她连夜重绘了猫头鹰logo：圆框眼镜、尾巴卷成书签形状，胸前捧着一本打开的笔记本，扉页写着"时光有痕"。

第二天，杨涵做了三件事：

一是视觉锚点落地。她将猫头鹰形象印在所有包装、店内海报和

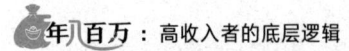

员工围裙上，甚至在门口做了个1米高的猫头鹰灯箱。在夜晚亮起时，琥珀色眼睛格外醒目。

二是行为锚点设计。店铺推出"时光手账计划"——每位顾客消费满50元，可领取一本印着猫头鹰logo的空白手账，店员会当场用定制印章盖下当日日期，邀请顾客"记录生活的100个小确幸"。

三是声音锚点植入。杨涵定制了一段15秒的风铃音效，每当顾客推门而入，风铃就会响起《岁月神偷》的前奏片段，离店时感应器会说："愿你的时光，像猫头鹰的眼睛一样清澈明亮。"

第一个月，那个总记不住店名的"白领"又来了，一进门就说："我是来找猫头鹰手账的，上次的本子快记满了。"杨涵注意到，她拍照发朋友圈时，特意拍下了灯箱上的猫头鹰，配文："今天又去了猫头鹰的店，收集生活的碎片。"

三个月后，一位大学生在小红书发布了"在时光集攒满100个手账印章"的vlog。视频里，她展示着盖满不同日期印章的手账本，背景是熟悉的风铃音效。这条视频获得20万点赞，评论区里，"猫头鹰店""时光印章"成了高频词。

杨涵乘胜追击，推出"每月主题印章"：三月是樱花猫头鹰，五月是毕业季学士帽猫头鹰，十二月是戴围巾的圣诞猫头鹰。顾客为了集齐印章，每个月都会来店消费，复购率飙升至35%。

如今，"时光集"在全国开了20家分店，每家店门口都有标志性的猫头鹰灯箱，收银台旁摆着供顾客盖戳的手账台。当同行问起成功秘诀时，杨涵总会翻开顾客留言本，指着那句"看到猫头鹰，就想起那些认真生活的日子"："在这个信息爆炸的时代，你必须让用户在0.3秒内记住你——而这个记忆锚点，不仅要扎进他们的生活里，更要扎进他们的情感里。"

成功感悟

　　杨涵的蜕变，道破了品牌破局的真相：在注意力稀缺的时代，构建记忆锚点不是锦上添花，而是生存刚需。从无人问津到"猫头鹰等于时光集"，她用三个锚点——视觉符号、行为仪式、情感联结，在用户心中凿出了不可磨灭的印记。这启示我们：好的记忆锚点，是品牌的"社交货币"，是用户的"情感坐标"。当你的品牌成为某个场景、某种情绪的代名词，距离成功，就只差一次推门而入的缘分。记住：让用户记住你的，从来不是完美的产品，而是"你与世界不同"的那个支点。

内容破圈策略：从"自嗨输出"到"社交裂变"的破局之道

 创业锦囊

内容破圈的本质是"价值共振"——让用户从"被动接收者"变成"主动传播者"，需掌握三大核心逻辑：

·社交货币制造：内容必须具备"炫耀价值"，或是提供谈资（如行业揭秘）、情绪共鸣（如职场焦虑）、实用干货（如省钱攻略），让用户愿意"借内容表达自我"。

·痛点场景化：拒绝空洞说教，将产品价值嵌入用户日常痛点。例如，母婴品牌不讲"产品参数"，而是拍摄"凌晨三点母乳妈妈的背奶日记"，让痛点成为内容钩子。

·平台算法借力：研究不同平台的流量机制（如抖音的"完播率+互动率"、小红书的"关键词标签"），用"内容结构公式"（开头3秒抓眼球+中间痛点共鸣+结尾引导互动）撬动自然流量。

核心法则：好的破圈内容是用户"想分享给朋友圈的自己"。

案例故事

　　林小羽盯着后台数据，眉头紧锁。她创立的"青瓷手作"工作室，主打传统手工茶具，尽管产品工艺精湛，线上店铺月销却始终卡在50单，粉丝半年只涨了2000人。

　　"我们的详情页太像产品说明书了。"运营小张指着公众号推文，"不是讲釉料配方，就是发大师工作室照片，用户根本看不懂。"

　　林小羽不得不承认，自己陷入了"匠人思维"——总觉得只要产品够好，自然会有人买单，却忽略了年轻消费者需要的是"可感知的、有价值的故事"。

　　转机出现在一次市集摆摊。一位穿汉服的姑娘在摊位前停留良久："你们的茶杯好美，但我不懂怎么跟朋友介绍它。"这句话点醒了林小羽：用户需要的不是"专业术语"，而是"能发朋友圈的理由"。

　　当晚，她拉着团队拍摄了第一条短视频：镜头从布满老茧的匠人双手开始，泥土在轮盘上旋转成型，釉料在窑火中变换色彩，最后定格在茶汤倒入茶杯时的细腻纹路。配文很简单："每一只茶杯，都藏着132小时的等待——这是我们拒绝量产的理由。"

　　这条视频在抖音发布后，48小时内播放量突破50万，评论区满是"原来手工茶具是这样做的""送给爱喝茶的爸爸一定有故事"……林小羽敏锐捕捉到用户对"匠人精神"和"非标准化价值"

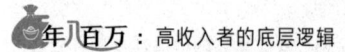

的共鸣，远比产品本身更有传播力。

林小羽推出"青瓷日记"系列：记录匠人修复破损茶具的过程，拍摄客户用茶杯泡第一壶茶的场景，甚至制作"翻车视频"——展示上百次失败的釉色实验。"我们不再卖茶具，而是卖'慢下来的生活态度'。"林小羽在团队会议上强调。

真正的破圈发生在与职场博主的跨界合作。她注意到"996加班族"对"治愈系内容"的需求，随即邀请博主拍摄"用青瓷茶杯泡枸杞水"的vlog，将"手工茶具"与"对抗内卷的小确幸"绑定。视频中，博主对着镜头说："每天用这个杯子喝水，就像把'慢慢来'的仪式感捧在手里。"

这条内容在小红书获得200万曝光量，评论区衍生出"打工人的工位美学"话题，许多从未接触过传统茶具的年轻白领成为新客户。更让林小羽惊喜的是，有用户自发拍摄"青瓷茶杯的职场日常"，形成内容裂变。

然而，挑战也随之而来。当订单量暴增300%，手工产能跟不上，差评开始出现。林小羽没有回避，反而拍摄了"匠人加班赶工"的纪录片，坦诚告知用户："我们拒绝机器量产，所以需要多等20天。感谢愿意为'慢'买单的你。"这条"自曝短板"的视频，让复购率提升了40%——用户感受到了品牌的真实与坚守。

两年后，"青瓷手作"成为现象级国潮品牌，线下快闪店开到了上海新天地。在品牌纪录片里，林小羽对着镜头说："曾经我们以为，破圈需要砸钱买流量，但后来发现，破圈的钥匙藏在用户的分享欲里——当你的内容能让他们说'这就是我'，流量自然会来找你。"

如今，"青瓷手作"的内容团队保持着一个铁律：每条内容发布前，必须回答三个问题："用户会因为什么转发？""这条内容能帮用户塑造怎样的人设？""它有没有让品牌离用户的生活更近一步？"

成功感悟

　　林小羽的破圈之路，道破了内容营销的真相：好的内容从不是"王婆卖瓜"，而是为用户递上一把"社交钥匙"——让他们在分享时，既能展现品位，又能传递价值观。当"青瓷茶杯"不再是商品，而是"对抗快节奏的精神符号"，内容便有了穿越圈层的力量。记住：内容破圈的终点，是让用户主动成为品牌的"自来水"——而这一切，始于对"用户需要什么故事"的深刻洞察，成于对"真实价值"的勇敢表达。在注意力碎片化的时代，唯有与用户情绪同频、为用户社交赋能的内容，才能真正突破流量茧房，让品牌在千万次分享中扎根人心。

私域流量深耕：从流量收割到关系资产的破局之路

 创业锦囊

私域流量的本质是"反流量焦虑"的信任重建——从"一次性收割"到"终身价值挖掘"，需要构建"三层递进模型"：

·流量导入层：用"钩子设计"打破用户防线——不是粗暴的低价引流，而是提供"稀缺性价值"（如专属内容、定制服务），筛选高匹配度用户。

·关系升温层：通过"分层运营"精细化培育——按用户活跃度、消费能力打标签，用1v1私聊、社群专属活动、会员日等持续激活，让用户从"潜水者"变成"参与者"。

·价值裂变层：打造"用户共创"生态——让忠实用户参与产品设计、内容生产、活动策划，将"消费者"转化为"共建者"，实现低成本自传播。

核心逻辑：私域不是流量池，而是"信任银行"——持续存入价值，才能随时支取忠诚。

案例故事

田雪盯着店铺后台的流量数据，眉头紧锁。她创立的"薄荷美妆"在抖音砸了50万投流，转化率却从3%跌到1.2%，新客获取成本涨到80元/人。更致命的是，老客复购率不足15%，每次大促后都会出现大量取关。

"又有三个百万粉博主拒绝合作了。"运营小陈递来报表，"他们说美妆赛道太卷，报价又低。"

田雪揉了揉太阳穴，想起三年前创业时的豪言壮语："用流量思维打爆新品牌。"但现在，她发现自己陷入了"投流—拉新—流失—再投流"的死循环，账户余额只剩下20万元，连下个月的供应链款都快付不起了。

在一次用户调研中，田雪随机拨打了50个老客电话，听到最多的抱怨是："每次收到的都是促销短信，感觉自己像提款机。"有个叫小雨的用户说："我买过你们三次口红，你们却连我喜欢哑光的还是滋润的都不知道。"

这句话像一把钥匙，打开了田雪的思路。她关掉投流后台，带着团队做了三件事：

第一：重建"钩子"，筛选"同频用户"。放弃全网撒网，聚焦"成分党"小众群体，推出"免费肤质检测+定制美妆方案"。

第二：分层运营，把用户变成"朋友圈好友"，建立"薄荷会员体系"。

第三：用"情绪价值"替代"促销轰炸"，取消每月一次的大促

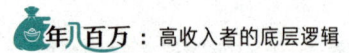

短信，改为发送"美妆日记"。

半年后，"薄荷美妆"的私域池沉淀了3万个核心用户，复购率飙升至45%，用户平均生命周期价值（LTV）从200元涨到800元。更惊喜的是，钻石用户自发成为"品牌大使"，在小红书发起"我的薄荷妆容"的话题，带动话题内容超5万条，引流新客1.2万，宣传成本几乎为零。

"现在我们不怕平台流量波动了。"田雪在复盘会上展示新的增长曲线，"虽然上周抖音限流三天，但是我们靠私域直播完成了平时70%的销售额。"她指着屏幕上的用户画像："这些用户不是数据，是信任我们的朋友——而朋友，是不会轻易离开的。"

如今，"薄荷美妆"的私域运营手册成了行业范本。田雪常说："以前总想着'流量在哪里，我们就去哪里'，现在才明白，真正的流量密码，藏在用户心里。"

💰 成功感悟

田雪的逆袭道破了私域流量的真相：流量不是冷冰冰的用户数字，而是热乎乎的信任连接。她用"分层运营"敲开用户心门，用"共创机制"点燃参与热情，让每个用户从"被收割者"变成"共建者"。私域的终极价值在于把"一次性交易"变成"一辈子交情"——当流量沉淀为关系资产，当用户主动为你发声，商业的齿轮便有了自我转动的生命力。记住：最好的私域，不是你建了多少个群，而是你在用户心里占了什么样的位置。

第九章

客户运营：从陌生人到忠实粉丝的养成

客户需求挖掘：从无人问津到爆单密码的探寻之路

创业锦囊

　　客户需求挖掘不是简单的问卷调查，而是需要创业者化身"需求侦探"，通过观察客户行为、聆听言语背后的潜台词，甚至捕捉他们自己都未察觉的"隐性需求"。其核心逻辑在于：摒弃"我认为客户需要什么"的主观臆断，转而用"客户实际在为什么买单"的视角，从抱怨声、沉默处、意外消费行为中，抽丝剥茧找到需求的本质，从而打造出真正契合市场的产品与服务。

案例故事

　　深秋的街道，寒风裹挟着枯叶掠过街角的"暖光甜品屋"。店主刘欢欢望着空荡荡的店铺，指甲深深掐进掌心。半年前，她满怀憧憬开了这家主打法式甜品的小店，精致的马卡龙、华丽的慕斯蛋糕摆满橱窗，可每日营业额连房租都难以覆盖。

　　"刘姐，今天又没几单。"店员小王收拾着几乎未动的甜品，语气中透着无奈。刘欢欢强撑着笑容点点头，手机突然震动，是供应商催缴货款的消息。她躲进后厨，望着库存里即将过期的进口奶油，眼眶渐渐湿润。

这天傍晚，店里来了位抱着婴儿的年轻妈妈。刘欢欢习惯性地推荐招牌法式千层，对方却连连摇头："有没有低糖、少奶油的？孩子总抢着吃，我怕不健康。"刘欢欢愣住了，这半年来，她沉迷于法式甜品的精致美学，却从未想过家长对健康的担忧。

送走顾客后，刘欢欢开始在社交媒体、育儿论坛"潜水"。她发现，不少家长都在抱怨：市面上的甜品要么太甜腻，要么造型花哨却没营养；孩子们爱吃，但作为家长只能严格控制。更让她震惊的是，同城某主打儿童辅食的店铺，靠着低糖小蛋糕、果蔬饼干，月销量突破了万单。

当晚，刘欢欢彻夜未眠，翻出开店前做的市场调研——那些被她忽视的家长问卷里，"健康""低糖"等关键词出现频率极高。她意识到自己犯了致命错误：过度追求法式甜品的高端定位，却忽略了身边最庞大的消费群体。

第二天，刘欢欢关掉店铺，带着全部积蓄跑到上海，参加儿童健康烘焙课程。她学习用木糖醇替代蔗糖，研究如何将蔬菜汁融入蛋糕胚，还设计出恐龙、星星等卡通造型。一个月后，"暖光甜品屋"重新开业，主打"宝宝也能吃的健康甜品"。

试营业那天，店里挤满了带孩子的家长。"这个恐龙饼干没添加剂吗？""小蛋糕真的是低糖的？"面对一连串质疑，刘欢欢当

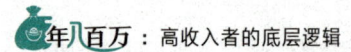

场展示出食材和检测报告。当孩子们捧着可爱造型的饼干笑得眉眼弯弯，家长们也纷纷掏出手机下单。

然而，真正的挑战在一周后。有位奶奶反馈："你们的饼干太硬了！我孙子牙还没长全，根本咬不动！"刘欢欢赶紧递上新品试吃，却发现老人还是不满意。她蹲下身，轻声询问孩子平时爱吃什么，这才知道，老人的孙子更偏爱软糯的米糕类点心。

当晚，刘欢欢和团队紧急调整产品，研发出南瓜米糕、山药蒸糕等新品。为了精准把握需求，她在店里设置"需求留言板"，邀请顾客写下建议；还定期举办亲子DIY活动，在互动中观察孩子和家长的真实喜好。

三个月后，"暖光甜品屋"日均订单突破百单，会员群从寥寥数人发展到2000多人。有家长在评价里写道："这里不仅是甜品店，更像是懂我们的育儿伙伴。"如今，"暖光"已开了三家分店，还推出了定制化儿童生日甜品套餐，年营业额突破500万元。

成功感悟

刘欢欢的创业之路，从迷失到逆袭，印证了"客户需求是商业指南针"的真理。当她放下执念，俯身倾听市场的声音，那些曾被忽视的抱怨与期待，便化作了打开财富大门的钥匙。在创业的浪潮中，唯有以客户需求为锚点，方能在激烈的竞争中找准航向，让事业的巨轮破浪前行。

服务体验升级：小民宿的口碑逆袭之路

 创业锦囊

　　服务体验升级的核心，是将"顾客需求"转化为"超预期惊喜"的思维转变。它要求创业者跳出"完成基础服务"的固有框架，主动挖掘用户潜在需求，用细节构建记忆点。其关键作用在于：通过差异化服务建立情感连接，将广大用户转化为品牌传播者，用口碑效应破解同质化竞争迷局，让每一次服务都成为品牌价值的放大器。

 案例故事

　　2020年，王莹在古镇买下一栋旧民居，改造成名为"栖云"的民宿。开业初期，她满心期待，可现实却泼来冷水。三个月里，入住率不足30%，平台评分始终在4.0徘徊，差评区满是"设施陈旧""服务普通"的抱怨。

　　深夜核对订单时，一条差评刺痛了王莹的眼睛："房间和图片差

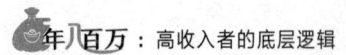

距太大，连瓶矿泉水都没准备，体验感极差！"她盯着手机屏幕，想起白天收拾房间时，自己只是机械地更换床单、补充洗漱用品，从未思考过客人真正需要什么。

第二天，王莹决定从细节入手。她自费购置了智能音箱、香薰机，在每个房间放置手写欢迎卡和本地旅游攻略。但真正的转机，发生在一位特殊客人身上。

那天傍晚，一对老夫妻拖着沉重的行李走进民宿。丈夫拄着拐杖，妻子背着大包小包，王莹立刻上前帮忙。办理入住时，她得知老人是来参加老友聚会，特意从北方赶来。当晚，王莹悄悄在他们房间准备了电热毯和护膝，还手写了一张便签："古镇早晚温差大，睡前记得开电热毯，祝您旅途愉快。"

第二天清晨，老太太拉着王莹的手，红着眼眶说："丫头，这是我住过最温暖的地方，就像回家一样。"离开时，老夫妻不仅在平台写下5星好评，还介绍了十多位亲友入住。

这件事让王莹意识到，服务体验的升级，藏在对细节的极致追求里。她开始建立客人需求档案，记录每位住客的特殊需求：对花粉过敏的客人房间不摆放鲜花，带孩子的家庭提供儿童洗漱用品，商务客人准备办公用品……

一次，一位年轻女客人因工作压力大，在房间偷偷哭泣。王莹发现后，默默送去一杯热牛奶和一张手绘安慰卡片。退房时，客人哽咽着说："这杯牛奶，比任何安慰都管用。"

随着服务细节的不断完善，"栖云"的口碑逐渐传开。有人为了那张手写卡片远道而来，有人被贴心的定制服务打动。短短半年，民宿入住率飙升至90％，平台评分跃升至4.9，成为古镇热门的打卡地。

2022年旅游旺季，民宿遭遇突发停电。王莹没有慌乱，提前储备了应急灯、充电宝，还为客人送上手工制作的驱蚊香囊和冰镇酸梅汤。客人们围坐在庭院里，听着王莹讲述古镇故事，原本的抱怨声变成了欢声笑语。

"服务不是标准化流程，而是用心对待每一个人。"王莹在民宿经营分享会上说道。如今，"栖云"已发展成连锁品牌，拥有三家分店，年营业额突破500万元。每一家新店开业，都会保留手写欢迎卡、需求档案等特色服务，将这份温暖传递给更多人。

🪙 成功感悟

王莹的民宿从无人问津到口碑爆棚，靠的不是华丽的装修，而是对服务体验的执着打磨。她用一张张手写卡片、一次次贴心关怀，在细节中注入温度，让客人感受到被重视、被理解。服务体验升级没有捷径，唯有以真心换真心，将每一个细节做到极致，才能在激烈的市场竞争中脱颖而出，书写属于自己的商业传奇。

客户分层管理：破局服装零售库存积压，解锁精准营销新路径

创业锦囊

　　客户分层管理是服装零售业打破"盲目铺货"困境的核心策略——通过消费金额、购买频次、风格偏好等维度，将顾客划分为高净值客户、潜力客户和普通客户，有针对性地制定选品、促销和服务方案。其核心作用在于：帮助商家避免库存积压，精准匹配客户需求，用定制化服务提升客户忠诚度，实现利润最大化与资源高效利用。

案例故事

　　盛夏的傍晚，于晓站在自己经营的"风尚衣橱"服装店内，看着堆积如山的滞销夏装愁眉不展。这家开在商业街的女装店，开业一年多来，虽然客流量尚可，但因库存周转率低、老顾客复购少，始终处于亏损边缘。

　　"晓姐，这批碎花裙又退回了一半。"店员小雯抱着退货包裹走

进仓库，"批发商说现在流行简约风，我们这批太花哨了。"于晓翻看着退货单，突然意识到问题所在：自己进货时总是凭直觉，从未系统分析过顾客需求差异。

当晚，于晓翻出近半年的销售记录和会员档案，发现了一个惊人的规律：20%的顾客贡献了70%的销售额，且这些"忠实客户"中，有人偏爱通勤装，有人热衷小众设计款，而自己却将所有新款一股脑摆在货架上。

第二天，于晓立即将顾客划分为三个层级：VIP客户（年消费超2万元，购买频率高且明确偏好某一风格）、潜力客户（年消费5000—20 000元，购买品类较杂）、普通客户（单次消费为主，多为随机进店）。

针对VIP客户，于晓组建了专属微信社群，每周提前剧透新款设计图，并邀请她们参与选款投票。有位叫苏晴的VIP客户，偏爱极简通勤风格，于晓便单独为她预留当季新款，并附赠定制丝巾。苏晴不仅自己频繁回购，还在朋友圈晒图推荐，带动了身边三位朋友成为新客户。

潜力客户则被纳入"风格探索计划"：通过问卷了解她们的喜好后，推送个性化穿搭方案；每满800元赠送一张"风格体验券"，可免费试穿搭配师推荐的新品。顾客李娜原本只买基础款，在体验了搭配师推荐的法式连衣裙后，果断下单，并开始定期关注店铺上新。

普通客户进店时，店员会主动引导其扫码加入会员，并赠送50元无门槛优惠券；消费满300元即可参与抽奖，奖品包括限量版配饰或

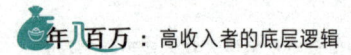
折扣券。这种方式成功将部分普通客户转化为常客。

分层策略实施三个月后，店铺库存周转率提升了40%，VIP客户复购率达到85%，整体营收增长近一倍。然而，真正的考验在一次换季促销中来临。于晓计划清仓过季服装，但担心折扣力度大会影响VIP客户的品牌体验。

她最终决定采用差异化策略：VIP客户可提前三天以专属折扣价选购，并赠送新款预售券；潜力客户享受阶梯式满减优惠；普通客户则通过朋友圈集赞获取折扣码。活动结束后，积压的过季服装售出90%，且VIP客户并未因折扣问题降低对品牌的认可度。

一年后，"风尚衣橱"从濒临倒闭的小店，发展成拥有线上小程序、会员超5000人的区域网红服装店。于晓在一次行业分享会上感慨道："过去我总想着'讨好'所有顾客，却忽略了每个人的需求。只有学会分层管理，把合适的衣服卖给对的人，才能真正留住客户的心。"

成功感悟

于晓的服装店扭亏为盈，生动诠释了客户分层管理的商业智慧。当她放弃"一刀切"的经营模式，转而用精准的需求匹配和差异化服务，不仅盘活了库存，更激活了客户价值。创业如航海，唯有精准定位目标客户，才能避开"盲目运营"的暗礁，驶向持续盈利的彼岸。

客户复购提升：从一锤子买卖到终身客户的经营哲学

客户复购提升，是创业者打破"单次交易"局限的关键策略——摒弃"拉新至上"的短视思维，转而通过精准需求洞察、情感价值绑定和持续体验升级，将初次消费转化为长期信赖。其核心作用在于：让客户从"尝鲜者"变为"忠实粉丝"，用超预期的服务建立情感连接，以个性化的运营激活消费欲望，最终实现客户生命周期价值的最大化，为企业构筑可持续增长的护城河。

 案例故事

盛夏的午后，苏晴盯着花店后台数据，指尖在"复购率12%"的数字上反复摩挲。这家名为"时光花坊"的线上花店开业八个月，凭借精美的花束设计吸引了不少订单，但大部分客户都是一次性消费，老客回购寥寥无几。租金、人工成本像沉重的枷锁，压得她喘不过气。

"老板，这是张女士的投诉。"助理小琳递来手机，屏幕上是一条差评："花束和图片差距太大，以后再也不会买了！"苏晴点开订单详情，发现客户定制的香槟玫瑰因供应商缺货，被替换成普通粉玫瑰。这个疏忽像一记警钟——她只顾追求订单数量，却忽略了客户的真实需求。

当晚，苏晴翻出近千条订单备注，逐条分析客户偏好：有人要求避开百合，有人指定搭配"满天星"，还有人反复强调"花束要保持自然感"。她突然意识到：每个客户都是独特的个体，只有精准满足需求，才能赢得回头客。

第二天，苏晴启动"客户记忆计划"：为每位下单客户建立专属档案，详细记录花材偏好、送花场景、特殊需求；推出"心意卡"服务，允许客户填写个性化祝福，由花艺师手写附在花束中。一位男士在给妻子的周年纪念花束中写道："谢谢你陪我走过低谷"，苏晴特意在花束中加入象征坚韧的向日葵，还附赠了一张手写鼓励卡片。这份用心让对方感动不已，不仅追加了订单，还成为花店的长期客户。

但真正让复购率飙升的，是一次"意外惊喜"。客户李小姐在母亲节订购了一束康乃馨，物流延迟导致花束略有损伤。苏晴没有简单退款，而是连夜补送了一束双倍分量的鲜花，并附上道歉信和一张"全年八折券"。李小姐在朋友圈分享："第一次遇到这么负责的商家！以后订花就认准他们了！"这条动态引发了大量点赞。

尝到甜头的苏晴开始系统性设计复购策略：推出"月度鲜花订阅"服务，每周配送不同主题花束；为老客户举办"花艺沙龙"，邀请他们亲手制作花束；针对生日、纪念日等关键节点，提前推送定制化优惠。一位白领客户在订阅半年后留言："每次收花都是平淡生活里的小确幸，这种仪式感让我离不开时光花坊。"

然而，挑战也随之而来。一次情人节订单暴增，因备货不足导致部分花束延迟送达。苏晴主动联系所有受影响的客户，不仅全额退款，还赠送了限量款永生花礼盒。她在公告中写道："道歉不是终点，改进才是承诺。"这份坦诚反而让客户感受到品牌的责任感，复购率在风波后不降反升。

两年后，"时光花坊"的复购率从12%跃升至65%，会员客户突破5000人，年营收增长十倍。苏晴在接受采访时感慨："过去我总以为留住客户要靠价格优势和促销手段，后来才明白，真正的复购密码藏在每一次用心的服务里。当客户感受到被重视、被理解，自然会用行动为你投票。"

💳 成功感悟

苏晴的花店从濒临困境到逆势崛起，印证了客户复购的深层逻辑：商业的本质不是交易，而是信任的积累。她没有用低价促销制造虚假繁荣，而是以需求洞察作为起点，用情感共鸣作为纽带，将每一次消费转化为持续的价值交付。创业路上，拉新是入场券，复购才是决胜局。唯有把客户放在心上，才能让他们在漫长的时光里，始终选择与你同行。